AF670537

Meine Reise
mit dem Finger auf der Landkarte

NOVA AFRICA TABULA AUCTORE Jodocus Hondius

Excusum in aedibus Auctoris Amsterodammi.

Hintergründe einer Landkarte
sowie die Geschichte
der afrikanischen Entdeckungen
und die
damit verbundene Entwicklung der afrikanischen Landkarten

von

Peter Heinz

FSC
www.fsc.org
MIX
Papier aus verantwortungsvollen Quellen
Paper from responsible sources
FSC® C105338

*Bibliografische Information der Deutschen Nationalbibliothek:
Die Deutsche Nationalbibliothek verzeichnet diese Publikation in der Deutschen Nationalbibliografie; detaillierte bibliografische Daten sind im Internet über dnb.dnb.de abrufbar.*

© 2022 Peter Heinz
Herstellung und Verlag: BoD – Books on Demand, Norderstedt

ISBN 9783756858798

Inhaltsverzeichnis

Prolog

Den Spruch „mit dem Finger auf der Landkarte“ hörte ich zunächst als Kind von meinem Vater.
Ein gern gebrauchter Begriff von Menschen die sich weite Reisen, eigentlich Urlaubsreisen im Allgemeinen, nicht leisten konnten.
Ich empfand diese Art des Reisens nie als Makel. Da meine weitesten Reisen in jungen Jahren die gelegentlichen, etwa zwanzig Kilometer weiten Busfahrten, zu Verwandten, in den vorderen Odenwald waren, kam die weite Welt in Form von Landkarten im Schulatlas und Reiseberichten in Büchern zu mir nach Hause und wurde von meiner Fantasie illustriert.
In der Grundschule, daran kann ich mich noch sehr gut erinnern, während andere Ereignisse der gleichen Zeit längst in den Fluten des Vergessens verschwunden sind, lernte ich anhand des erloschenen Vulkans Vogelsberg eine Landkarte zu lesen. Höhenlinien und Maßstab, Farbgebung und Legende wurden mir vertraut.
Das setzte sich im Gymnasium, oftmals im erschreckenden Ausmaße, fort. Denn während ich dem offiziellen Geografie Unterricht nur oberflächlich mit einem Ohr folgte, war ich in auf den Inseln der Karibik unterwegs. Ich besuchte San Francisco und Alaska, streifte durch die Inselwelt Indonesiens und verweilte gerne an einer meiner Lieblingsstellen, dem Caprivi Streifen im südlichen Afrika, dessen Name und Form es mir angetan hatten.
In meiner damaligen Unwissenheit nahm ich an, bei Caprivi handele es sich um einen exotischen Namen unbekannter Herkunft. Die so seltsam anmutende Form konnte ich mir zunächst auch nicht erklären. Das waren die eigentlichen Fragen, die mich beschäftigten, während vorne an der Tafel der Lehrer über Braunkohleabbau im Ruhrgebiet dozierte.
Kurzweilige Abwechslung brachte der Wettstreit des Städtesuchens mit Freund und Banknachbar Thilo.
Dazu nannte man eine moglichst versteckt, am besten weit außerhalb des Gesichtsfeldes, nahe der Falz des Atlanten oder in irgendeiner Ecke der Karte liegende Kleinstadt, deren schwarz geschriebener Name bestenfalls durch das tiefe Braun eines Gebirges oder hohen

Berges leicht übersehbar war.
Trotzdem fanden wir jeden Ort der Welt in erstaunlichem Tempo.
Wer kennt beispielsweise schon Chaguaramas, das wir anfangs irrtümlich für einen kleinen Ort oder eine Kleinstadt hielten.
Gemeinhin ist damit das Gebiet westlich der St. Peters Bay bzw. der Tucker Valley Road gemeint. Und nachdem Chaguaramas dank Landkarte und unserem Suchspiel im Bewusstsein aufgetaucht war, wurde der Begriff immer lebendiger und mit Wissen gefüllt.
Wir gründeten sogar eine eigene Fußball-Liga, die aus den „mit dem Finger auf der Landkarte" Expeditionen gefundenen und für gut befundenen Orten und Städten bestand.
Die Spieltage der Liga wurden jeweils in den Geografiestunden abgehalten und erfreuten sich wachsender Begeisterung. Ob Richard, „Maluk", „Lupo", oder Thilo, und all die anderen, wir waren mit größter Begeisterung bei der Sache.
Das unsere Wissenserweiterung über Bergbau an der Ruhr oder andere weitgehend periphere Lerninhalte darunter litten, störte uns wenig.
Wären wir über die Lage von Orten dieser Welt am Ende des Schuljahres geprüft worden, zumindest Thilo und ich wären mit glatten Einsern in die Ferien gegangen. Aufgrund unseres nur oberflächlichen Wissens über den Kohleabbau im Ruhrgebiet reichte es allerdings nur zu einer eher mittelmäßigen Note.
Ich bin abgeschweift.
Aber diese kleine Exkursion zurück ins Klassenzimmer und auf die harte Holzschulbank, die in der Weichzeichnung der Erinnerung manche schöne Anekdote bereit hält, sei einem alten Mann verziehen, der ob der Erinnerung schmunzelt, zum Fenster hinaus schaut und mit einem Earl Grey Tee in der Hand, auf den Nebel eines raureif-kalten Januarmorgens blickend, in eine längst vergangene Jugendzeit reist und versucht diesen Moment auf der Schulbank festzuhalten, den er gerade aus dem Vergessen geholt hat, in ihm zu schwelgen und diesen Zustand ausgiebig zu genießen.
Vielleicht versteht aber auch der Leser meine Affinität und meine Begeisterung für Landkarten, dadurch etwas besser.
Um es einmal ganz kurz in einem Satz zu formulieren:

Ich bin schon immer mit Begeisterung „mit dem Finger auf der Landkarte“ gereist und ohne Landkarten würde mir etwas fehlen.
Als ich dann irgendwann später mit beiden Füßen mitten im Caprivi Streifen stand, war es fast als wäre ich nach Hause gekommen So gut kannten wir uns schon, der Caprivi und ich.
Aus meinem „Fantasie Caprivi“, den ich zwar aufgrund meiner physischen Anwesenheit im Zielgebiet verlor, gewann ich die Realität dazu, die durch eine bisher fehlende visuelle und olfaktorische Wahrnehmung bereichert wurde.
Ich liebe es zu Reisen.
Neben der typischen Reise mit Flugzeug, Auto, Fahrrad, Schiff oder anderen Fortbewegungsmitteln stehen mir durch meine Erfahrungen mit den Landkarten, ebenso wie durch das Versinken in Büchern, die Bilder im Kopf entstehen lassen, sogar mehrere Möglichkeiten des Reisens zur Verfügung.
Ich weiß, dass es viele Menschen gibt, die abschätzig auf den „mit dem Finger auf der Landkarte Reisenden“ blicken.
Ich habe allerdings gerade auch diese Form des „in der Welt unterwegs Seins“ zu schätzen gelernt. Ein gewissenhafter Landkartenreisender wird besonders heutzutage mit dem immer zur Verfügung stehendem Wissens des Internets, manchmal näher und intensiver einen Ort bereisen, als mancher körperlich am Reiseziel anwesender Urlauber, der unter Umständen, außer schnell durchgereist zu sein, keine weiteren Erfahrungen, Eindrücke und weiteres Wissen sammeln konnte.
Von jedem neuen Land, das ich nach meiner Schulzeit in späteren Jahren besucht habe oder das ich noch besuchen will, habe ich selbstredend Landkarten in Papierform.
Digitale Landkarten garantieren nicht annähernd dasselbe Vergnügen das eine Landkarte in Papierform mir bietet.
Die Königinnen der Landkarten, mit denen man am weitesten und intensivsten reisen kann, habe ich aber noch gar nicht angesprochen, obwohl diese doch das Thema des weiteren Manuskripts sein werden.
Vor ein paar Tagen kam über ein Antiquariat in Trier eine Reise in Form einer Landkarte zu mir nach Hause, die ich gerade erst

angetreten habe und die mich noch lange in Atem halten wird. Von den Vergnügen der Entdeckungen, die auf mich zukommen, ganz zu schweigen.
„NOVA AFRICAE TABULA AUCTORE Jodoco Hondio“ steht auf dem guten Stück.
Mein alter Lateinlehrer, Herr Sille, hätte nun seine wahre Freude daran, mir zu zulächeln und seine Bestätigung zu finden, dass mir spätestens jetzt (wäre es nicht schon seit Beginn meiner naturwissenschaftlichen Ausbildung passiert) ein Licht aufginge und sich bewahrheiten würde, was er mir immer wieder nach einer schlechten Lateinarbeit, nach der ich in Selbstzweifel ob der Wahl dieses Schulfaches verfiel, mit auf den Weg gab: Ich wäre noch froh, Latein als erste Fremdsprache gewählt zu haben.
Die Kupferstichkarte von Jodocus Hondius oder Jodoco Hondio oder eigentlich Josse de Hondt, ihn lernen wir gleich näher kennen, ist 37,5 cm x 50 cm groß, altkoloriert und stammt aus dem Amsterdam des Jahres 1606 und schaut somit auf eine über 400 Jahre alte Existenz zurück.
Allein der Gedanke an dieses Alter lässt mich nachdenklich werden. Was hat diese Karte schon alles miterlebt, was alles überlebt. Wo und in wessen Besitz ist sie gewesen, welche Dramen und Schicksale spielten sich um ihre Besitzer ab.
Aber was will er mit einer so alten Karte, mag sich manch einer fragen, außer sie anzusehen?
Zu was ist sie nutze?
Ich will, natürlich, reisen und diese Landkarte hilft mir zu reisen. Nicht nur nach Afrika, nein, auch zurück in der Zeit und zurück zu dem, was ich noch so alles auf meiner Reise entdecken werde, deren Verlauf und Ende zum jetzigen Zeitpunkt noch völlig offen ist
Der Leser dieser Zeilen ist nun herzlichst eingeladen, mich bei dieser Reise zu begleiten. Es wird eine Reise, von der ich im Moment da ich diese Zeilen schreibe, noch gar nicht weiß, wohin sie uns führen wird.
Beginnen wir erst einmal mit dem Mann, der diese Karte hergestellt hat: Jodocus Hondius.

Jodocus Hondius, frühe Jahre in den Niederlanden

Jodocus Hondius alias Josse de Hondt, wurde am 17. Oktober 1563 in dem Ort Wakken in Flandern geboren.

In seinem Geburtsjahr begann der Erste Hugenottenkrieg und zeitgleich, als würde ein Krieg nicht ausreichen, der Dreikronenkrieg. Der äthiopische Herrscher Minas stirbt und sein Sohn Sarsa Dengel wird zum Negus negest von Äthiopien gekrönt, was ich nur erwähne, um einen ersten kleinen Bezug auf Afrika zu kreieren.

Zu guter Letzt, in einer längeren Reihe anderer Ereignisse, die sein Geburtsjahr 1563 charakterisieren, beginnt auch der Bau von El Escorial bei Madrid, dem größte Renaissancebau der Welt, der seit 1984 ein Teil des Weltkulturerbe ist.

Jodocus blieb nicht lange in seinem Geburtsort, einem kleinen Dorf in Flandern.

Zusammen mit seinem Vater Olivier de Hondt und seiner Mutter Petronella d'Havertuyn zieht Josse

schon im ungefähren Alter von zwei Jahren nach Gent, wo er an der lateinischen Schule eine sehr umfassende Ausbildung in Mathematik und den klassischen Sprachen bekommt. Bereits in jungen Jahren etabliert sich der Autodidakt als Graveur, Instrumentenbauer und Künstler.

Als Kupferstecher erlernte er einen Beruf, der bis Mitte des 19 Jahrhunderts sehr gefragt war, um danach von der Lithographie abgelöst zu werden.

Kupferstecher waren sowohl Handwerker als auch Künstler, wie beispielsweise die berühmten Kupferstecher Albrecht Dürer oder Lucas Cranach.

Im Jahr 1584 ging er, wie viele andere Niederländer auch, nachdem Gent in die Hände des Königs von Spanien gefallen war, nach London. Es waren sehr unruhige Zeiten in den Niederlanden jener Zeit, zu denen damals noch das heutige Belgien und damit Flandern gehörte. Durch seine Flucht vor den religiösen Verwerfungen im Rahmen des Freiheitskampfes der Niederlande hängt sein Werdegang unmittelbar mit diesem Krieg zusammen. Deshalb wenden wir uns ihm nun etwas ausführlicher zu. [1]

Exkurs: Der Achtzigjährigen Krieg
Etwa Mitte des 16 Jahrhunderts, bedingt durch die Reformation, verbreitete sich in den Niederlanden der Calvinismus und mit ihm keimte der Wunsch sich vom katholischen Spanien zu lösen.
Zu jener Zeit waren die Häfen der Niederlande, Antwerpen und Rotterdam, wichtige Umschlagplätze für Waren aus Übersee, speziell für die neuen Kolonien in Südamerika.
Zudem war Antwerpen ein Zentrum des europäischen Kapitalhandels.
Vor allem aus diesen Gründen, aber auch aufgrund der hervorragenden strategischen Lage des Landes, waren die spanischen Habsburger nicht bereit, die Niederlande aus ihrem Besitz zu entlassen.
Als 1555 Philipp II. die Herrschaft über die Niederlande von seinem Vater Karl V. übernahm, führte er die bereits unter seinem Vater begonnene Inquisition konsequent fort, obwohl bereits Unruhen während der Herrschaft seines Vaters entstanden waren [2].
1559 setzte er einige Änderungen der ständischen Freiheiten durch und ging 1560 zurück nach Spanien, nachdem er Margarethe von Parma als seine Statthalterin eingesetzt hatte. Ein Jahr später zog er auch seine Truppen ab.
Mitglieder des niederländischen Staatsrates unter der Führung von Wilhelm von Oranien sowie der Grafen von Hoorn und Egmond protestierten gegen diese Änderungen und erzwangen zunächst den Rücktritt des Bischofs Granvelles, den Philipp II. Margarethe von Parma zur Seite gestellt hatte.
Im sogenannten „Adelskompromiss von Breda", einer Bittschrift, forderten die Aufständischen von Margarethe von Parma das Ende der Inquisition und der Verfolgung der Calvinisten, ebenso wie die Wiederherstellung ihrer ständischen Freiheiten die Philipp II. 1559 gekürzt hatte.
Der Protest der Geusen, wie sich die Aufständischen selbst nannten, erreichte im gleichen Jahr durch die Bilderstürme der Calvinisten einen ersten Höhepunkt.[3] Als Konsequenz hob Philipp II. zwar die Inquisition auf, setzte aber 1567 den Herzog von Alba, Fernando Alvarez de Toledo, zum neuen Statthalter ein und entsandte mit ihm

die spanischen Truppen zu einer Strafexpedition in die Niederlande. Alba unterdrückte die regionalen Aufstände mithilfe eines Sondergerichts, dem sogenannten „Blutrat von Brüssel“, und ließ dabei mehr als 6000 Aufständische, darunter die Grafen von Hoorn und Egmond, hinrichten.
Im gleichen Jahr musste sich ihm auch das niederländische Heer unter Wilhelm von Oranien geschlagen geben.
Aufgrund der rücksichtslosen und willkürlichen Art Albas flammten aber neue Aufstände auf, die dieses Mal das ganze Land erfassten.
Mit der Schlacht von Heiligerlee begann1568 der Achtzigjährige Krieg, der mit der Ausnahme des Zwölfjährigen Waffenstillstands von 1609 bis 1621, bis in das Jahr 1648 anhielt.
Im Rahmen dieses Krieges gab es auch Kampfhandlungen in den spanischen Kolonien.
Niederländische Kaperfahrer, die Wassergeusen, deren größter Erfolg die Befreiung der Provinzen Zeeland und Holland im Jahr 1572 war, störten ab dem Jahre 1600 die Handelsrouten der Spanier in den Gewässern der Philippinen gewaltig. Bei einem ersten Aufeinandertreffen der Wassergeusen mit den Spaniern am 12 Dezember 1600 wurde die spanische „San Diego“ versenkt.
Als die Niederländer immer stärker wurden, versuchten sie im Jahr 1646 sogar das Archipel der Philippinen zu erobern. Der Versuch schlug allerdings fehl und wurde in den fünf Seeschlachten der „Naval de Manila“ abgewehrt. [4]
Der Westfälische Friede, der sowohl den Achtzigjährigen Krieg sowie den Dreißigjährigen Krieg, beendete, brachte dann die internationale Anerkennung der Republik der Vereinigten Niederlande.
Johann Wolfgang von Goethe hat dem Grafen von Egmond, 220 Jahre nach dessen Enthauptung auf dem Marktplatz von Brüssel, mit seinem gleichnamigen Buch ein literarisches Denkmal gesetzt.
Auch Friedrich Schiller beschäftigte sich anhand einer Novelle mit dem Achtzigjährigen Krieg, ebenso wie Wilhelm Raabe, der den Kampf der Wassergeusen in seiner Novelle „Die schwarze Galeere“ beschreibt oder wie Charles de Coster den Aufstand der Geusen im „Ulenspiegel“ schildert.

Die Flucht von Jodocus Hondius nach London ist im zeitgenössischen Kontext begründet und ein folgerichtiger Schritt in seinem Leben.
Die Reise zu den Hintergründen meiner Landkarte ist damit einen Schritt weitergekommen und wir begleiten neugierig Jodocus Hondius weiter nach England.

Jodocus Hondius in London bei Richard Hakluyt
Von 1584 an ist London die neue Heimat von Jodocus Hondius.
Er arbeitet in London unter anderem zusammen mit dem Geografen und Schriftsteller Richard Hakluyt sowie mit Edward Wright, einem Mathematiker und Geografen zusammen.
Während Hondius Zeit in London besiegen die Engländer die spanische Armada 1588 und Richard Hakluyt heiratete 1590 eine Verwandte des Freibeuters und dritten Weltumseglers Thomas Cavendish.
Jodocus Hondius fertigte 1595, als er bereits wieder in Amstrdam war, eine Weltkarte an, die mit den Reiserouten der beiden englischen Weltumsegler Sir Francis Drake und Thomas Cavendish versehen war.
Auch die Gravur der bekannten, von E. Molyneux ab 1592 publizierten, Erd- und Himmelsgloben mit 62 cm Durchmesser führte Hondius aus.
Darüber hinaus fertigte Hondius verschiedene bekannte Porträts von Sir Francis Drake und war maßgeblich an der Veröffentlichung dessen Arbeit beteiligt. [5]
Hakluyt, der in Oxford studiert hatte, führte als Professor der Kosmographie den Gebrauch der Globen im englischen Schulunterricht ein.
Das Hauptwerk Hakluyts „The principal navigations, voyages and discoveries of the English nation etc.“ erschien 1589 und wurde 1598 bis 1600 überarbeitet.
Dieses Buch enthielt Reiseberichte von Entdeckern und Kapitänen, von Gebieten, die für die englische Exportwirtschaft von Bedeutung sein konnten, aber auch viel Unbewiesenes wie die Beschreibung des Magnetberges in der Arktis.

Kleine Abschweifung zum Magnetberg

Ich kann es leider nicht lassen etwas vom Thema abzuschweifen, aber der Magnetberg ist meiner Meinung nach einen kleinen Abstecher wert.

Man nahm an.dass sich dieser Berg in der Arktis befinden sollte und dies wurde vor allem von Forschern im 16 Jahrhundert als vermeintliche Tatsache wissenschaftlich zu untermauern versucht.

Als Sagen oder Seemannsgarn erzählte man sich gar fantastische Geschichten um den Magnetberg. Er solle Schiffe an- oder die Eisennägel aus den Planken ziehen, so dass die Schiffsmannschaft dem Untergang in eisigen Wassern geweiht ist. Sindbad der Seefahrer erreicht in einer späteren Fassung der Märchen aus „Tausendundeiner Nacht“ den Magnetberg, der auch bei Jules Verne (Die Abenteuer des Kapitän Hatteras) auftaucht und zu guter Letzt auch bei Michael Endes „Jim Knopf und die wilde Dreizehn“ eine Rolle spielt.

Im 16 Jahrhundert war der Magnetberg die Bezeichnung für die Polarregion bzw. er wurde zumindest dort vermutet.

Auch der große Gerhard Mercator, mit dem wir uns noch ausführlicher beschäftigen werden, da er eine sehr wichtige Rolle auf der Reise zu meiner Afrika Karte spielt, beschreibt den Magnetberg 1577 in einem Brief an John Dee. [6]

Genauere Informationen darüber erhalten wir vom Niederländer Johannes Ruysch (geb. 1460 in Utrecht gest. 1533 in Köln), dessen zweitälteste „Weltkarte der neuen Welt“ in gedruckter Form 1507 entstand. Darauf ist der Magnetberg als ein 33 deutsche Meilen großer Felsen unterhalb des Nordpols eingezeichnet. Um ihn herum befindet sich das Bernsteinmeer mit vier Inseln, von denen zwei bewohnt seien. Dies impliziert die Theorie vom eisfreien Nordpolarmeer, die von Hakluyt in seinem Buch wieder aufgegriffen wird.

Mit Hakluyts Buch glückte mir jetzt doch wieder der Bogen zurück zu Hakluyt und damit zu Jodocus Hondius und zu der Afrika Karte und wir kehren nach England zurück.

Jodocus Hondius in London bei Eduard Wright

Obwohl Richard Hakluyt bereits eine wichtige Person in Hondius Leben darstellt, so spielt doch Wright eine noch größere Rolle bei seinem Werdegang.

Bei Wright finden wir Grundlagen zu den Karten von Hondius, die ihr Erscheinungsbild stark beeinflusst haben.

Aber zunächst einige biographische Hinweise zu Eduard Wright.

Der Mathematiker und Kartograf wurde am 8.Oktober 1561 in Garveston getauft und verstarb im November 1615 in London.

Der aus einfachen Verhältnissen stammende Wright studierte an der Universität von Cambridge und war von 1587-1596 Fellow des Colleges Gonville and Caius.

Im Jahr 1589 wurde er beurlaubt, um im Auftrag von Königin Elisabeth I. Karten zu erstellen.

Zunächst im Zusammenhang mit einer Kaperfahrt des Earl of Cumberland zu den Azoren, die er 1599 in seinem Buch „Certaine Errors in Navigations“ veröffentlichte, in dem er die häufigsten Fehler erläuterte, die bei der Herstellung der Seekarten, dem Gebrauch des Jakobsstabs, des Kompasses und bei der Zusammenstellung von astronomischen Deklinationstabellen auftraten.

Allen, die Wrights Namen bei Cumberlands Kaperfahrt vermissen, sei gesagt, dass er sich auf dieser Fahrt Capitain Edwarde Carelesse nannte.

Schon im gleichen Jahr (1589) war er wieder zurück in Cambridge und wurde kurz danach in London ansässig. [7]

Zusätzlich zu „Certaine Errors in Navigations“, das den Grundstein für die mathematischen Grundlagen der „Mercator- Projektion“ legte, veröffentlichte er zusammen mit dem Globenhersteller Emery Molyneux auch die erste englische Weltkarte in Richard Hakluyt „Principal Naviations“.

Diese Karte war auch die erste Karte nach Gerhard Mercator, die dessen „Mercator .Projektion“ benutzte.

Mercator selbst hatte die Details seiner Methode nie veröffentlicht. Wright holte dies als detaillierte Tabelle nach, so das nachfolgende Kartografen auf einfache Weise eine solche Projektionskarte erstellen

konnten.
In dieser Tabelle stand zu jeder jeweiligen geografischen Breite der zugehörige Abstand vom Äquator auf der Karte.
1610, in einer zweiten Auflage, erweiterte Wright diese Tabelle auf dreiundzwanzig Seiten mit Einträgen, die eine Bogenminute Breitendifferenz entsprachen.

Die Erfindung des Gerhard Mercator
Um die Bedeutung Mercators richtig zu würdigen, sollte man sich bewusst sein, dass die „Mercator-Projektion“ die Grundlage der Navigation ist, die man in jedem GPS Gerät findet und die bei der Satellitentechnik genutzt wird. [8]
Seine Grundlagenarbeiten helfen Schiffen und Flugzeugen bis heute sicher zu navigieren.
Auch heute beruhen See-und Landkarten noch immer auf der von ihm erdachten Kartenprojektion. Jeder Schüler im Geografie Unterricht sitzt, wenn er einen Atlas aufschlägt, vor der Mercator – Projektion. Auch der Name „Atlas“, der nach Mercator für jede weitere Kartensammlung bis heute verwendet wird, stammt von ihm. Auch deshalb muss ich auf diese neue bahnbrechende Technik der Kartenherstellung eingehen und damit wie bereits angekündigt zu Gerhard Mercator.
Mercator wurde 1512 in Rupelmonde in Flandern geboren, studierte in Löwen, und starb 1594 in Duisburg, wo er ab 1552 als Professor für Kosmografie lehrte.
Bereits zu seinen Lebzeiten wurde er als Ptolemäus seiner Zeit angesehen und sein Ruhm strahlte bis hinein in die arabisch islamische Welt.
Obwohl heute als Kartograf und Globenhersteller berühmt, war er auch Kosmograf, Theologe und Philosoph und in diesen Bereichen von großer Bedeutung im 16. Jahrhundert.
Seine erste Karte „Amplissima Terrae Sanctae descriptio ad utriusque Testamenti intelligentiam“ schuf er 1537, die erste Weltkarte 1538.
Es folgte 1539 eine Karte von Flandern. Seinen ersten Globus stellte er 1541 her.

Weltruhm erlangte Mercator mit seiner großen Weltkarte von 1569 (Nova et aucta orbis terrae descriptio ad usum navigantium), die bis heute aufgrund ihrer Winkeltreue für See- und Luftfahrt wichtige Projektion, die als Mercator Projektion bekannt wurde.
Die entscheidende Neuerung an seiner Art von Karten war, das die einzelnen Punkte der Erde vom Mittelpunkt eines Globus auf einen den Äquator berührenden Zylinder projiziert wurden.
Erst kurz vor seinem Tod beendete Mercator die Kosmografie „Atlas, sive Cosmograpgicae Meditationes de Fabrica Mundi et fabricati figura", sein Hauptwerk, das posthum 1595 veröffentlicht wurde (bei der aber aufgrund seines Todes einige Länderkarten fehlten).
Dieser Atlas landete sowohl per Dekret der römischen-katholischen Kirche vom 7.8.1603 auf dem Index librorum prohibitorum (Verzeichnis der verbotenen Bücher), als auch in Form der Druckplatten in den Händen von Jodocus Hondius.
Zweiteres erst etwas später wie wir aber bald sehen werden.

Jodocus Hondius in London: Eduard Wright Teil2
Wir reisen wieder zurück zu Wright und nach London.
Wie wir bereits wissen hatte Wright zusammen mit Emery Molyneux in Richard Hakluyt „Principal Naviations" die erste englische Weltkarte nach dem Mercator Projektion veröffentlicht.
Alle diese bisher erwähnen Personen wie Richard Hakluyt, Eduard Wright und der Globenhersteller Emery Molyneux, der Francis Drake auf seiner Weltumseglung begleitet hatte und der, zwar noch ungesichert, aber sehr wahrscheinlich, auch Thomas Cavendish, den dritten Weltumsegler 1587/88 begleitet hatte, hatten Kontakt und waren bekannt mit Jodocus Hondius.
Und da Hakluyt mit einer Verwandten von Cavendish verheiratet war, liegt der Schluss nahe, das auch er mit Hondius bekannt war und sich damit der Kreis dieser berühmten Gesellschaft schließt, die in London in der einen oder anderen Form miteinander gearbeitet hat.
Dazu zählt auch der berühmte Sir Francis Drake, den Hondius, wie bereits erwähnt, mehrmals porträtiert hatte und dessen und Thomas Cavendish´s Route ihrer Weltumsegelungen er auf seiner Weltkarte

von 1595 eingestochen hatte. Darüber hinaus gab es etliche weitere Arbeiten, die Hondius und Drake zusammen ausführten. [9]
Ein bis heute widersprüchlicher, nicht gesicherten Sachverhalt liegt auf der Zusammenarbeit von Wright und Hondius, der bis heute nicht endgültig geklärt ist.
Dabei geht es um das Handbuch mit den von Wright angefertigten Tabellen.
Verschiedene Teile seines Handbuchs wurden ohne seine Erlaubnis verwendet und nachgedruckt.
Einer, der das Verfahren von Wright nutzte, war auch Jodocus Hondius, der sich angeblich ein Manuskript von ihm ausgeliehen und versprochen hatte, gerade dieses nicht zu tun.
Bewiesen ist diese Aussage nicht, es gibt auch Quellen die das anzweifeln. Das dieses Handbuch allerdings von größtem Nutzen für seine Landkarten war, steht außer Zweifel.
Shakespeare setzte der Karte von Wright, die die Vorarbeiten Mercators auf eine mathematische Grundlage stellte, ein Denkmal.
In „Was ihr wollt" amüsiert sich die Kammerzofe Maria über den Haushofmeister Malvolio
„ He does smile his face into more lines than is in the new map with the augmentation of the indies" [10]
Die von ihr erwähnte „Vergrößerung" Indiens hing einerseits mit der Projektionsform und andererseits der Verkleinerung Europas zusammen. Offentsichtlich und das ist das eigentlich Bemerkenswerte an dieser Metapher, hatten sich die ptolemäischen Karten zuvor rasch in den Köpfen Shakespeare und seiner Zeitgenossen verankert, sodass ihnen der Wandel durch Mercator auffiel. Es muss ihnen so ergangen sein wie vielen Deutschen, als die Tagesschau Ende der 1980er Jahre ihre auf Mercator basierende Weltkarte ersetzte.[11]

Jodocus Hondius in Amsterdam

Hondius verließ 1593 London und ging nach Amsterdam, wo er sich darauf spezialisierte Globen und Karten herzustellen.
Sehr wahrscheinlich begleitete ihn sein Schwager Petrus Kaerius, dessen Schwester Colette er in England geheiratet hatte und mit dem

er zuvor auch nach England geflohen war.[12]
Er bezog ein Haus in der Kalverstraat und nannte sein Geschäft „ de wackere Hondt (der wachsame Hund). Dieser Name ist sowohl eine Anspielung auf seinen Geburtsort Wakken und seinen Nachnamen Hondt als auch ein Wortspiel, das auch „der Hund aus Wakken" bedeuten kann.[13]
Mit dem Globenbau hatte er bereits um 1590 in London begonnen und wurde zurück in Amsterdam zum Konkurrenten des niederländischen Globenherstellers Willem Janszoon Blaeu (1571-1638)
Zwei Hondius Globen findet man auf Bildern von Jan Vermeer für die Nachwelt verewigt (1668 auf dem Bild „Der Astronom" und 1668/1669 auf dem Bild „Der Geograph").
Ein Wendepunkt in Hondius Leben stellt die Zusammenarbeit mit dem Amsterdamer Verleger Cornelis Claesz dar.
Zu dieser Zeit, nach dem Tod Gerhard Mercators in Duisburg, einigte sich dessen Erbengemeinschaft 1604 alle Druckplatten an den Sohn Arnold Mercators, den gleichnamigen Enkel Gerhard Mercator, für 2000 Taler zu verkaufen.
Dieser wiederum verkaufte sie sofort weiter an Jodocus Hondius. Möglicherweise, vermutet aber nicht bewiesen, war dieses Geschäft sogar schon von längerer Hand vorbereitet worden. Genauere Ausführungen dazu würden hier und jetzt aber zu weit führen.
Hondius verwendete die neu erworbenen Platten augenblicklich und gab bereits 1606 eine neue Ausgabe des „Atlas" heraus, die zusammen mit 36 neuen, selbstgefertigten Karten, unter dem Namen Mercator- Hondius Atlas bekannt wurde.
Zu dieser Zeit war Mercators Atlas in der Beliebtheit gegenüber dem „Theatrum Orbis Terrarum" von Abraham Ortelius weit zurückgefallen und die Verkaufszahlen waren rückläufig.
Der Atlas von Ortelius hingegen gilt heute als erster moderner und kommerziell erfolgreicher Atlas.
Durch Mercators, teilweise überarbeitete Platten, und den neu hinzugefügten Karten kann man sagen, das der Mercator-Hondius Atlas, speziell die Karten Hondius, eine Brücke herstellt zwischen den Karten der Mercator und der Ortelius Linie.

1607 schuf Hondius mit der verkleinerten Taschenausgabe des Mercator-Hondius Atlas, den Atlas Minor, im Querformat.
Seine kartografischen Erzeugnisse wurden zum Ende seines kurzen Lebens dann zum regelrechten Verkaufsschlager und beherrschten den europäischen Markt noch ein halbes Jahrhundert lang.
Nach seinem Tod, mit nur 49 Jahren, nach viertägiger, urplötzlicher Krankheit, im Jahr 1612, führte seine Witwe, seine beiden Söhne Jodocus der jüngere (1593-1629), Henricus (1596-1651) sowie sein Schwiegersohn Johannes Janssonius (1588- 1664) die Geschäfte erfolgreich fort.
Allerdings gelang es 1630 dem Konkurrenten Blaeu siebenunddreißig originale Druckplatten aus dem Nachlass von Jodocus Hondius dem jüngeren zu erstehen. Diese ergänzte Blaeu mit 23 eigenen angefertigten Karten und veröffentlichte sie unter seinem Namen als „Appendix“ zum Mercator-Hondius Atlas, was in der Folgezeit zu einem wahren Wettkampf zwischen den beiden Verlagen führte.
Der Verlag Blaeu wurde, nach einem verheerenden Großbrand 1672, im Jahr 1698 aufgelöst.
Das Verlagshaus Hondius führte Johannes Janssonius, nach dem Ausscheiden von Henricus Hondius, zunächst bis zu seinem Tod 1664 weiter. Danach übernahmen Janssonius Schwiegersohn Jan van Waesberghen und dessen Söhne den Verlag, ehe die Kupferplatten 1694 von dem deutschen Kupferstecher Peter Schenk dem Älteren und dem Amsterdamer Verleger und Globenbauer Gerhard Valk aufgekauft wurden.
Damit möchte ich nun diesen Teil der Reise enden lassen, während der wir mehr über den Autor der Afrika Karte, sowie dessen Umfeld, erfahren konnten und sind bei der Afrika Karte angekommen.
Diese Afrikakarte gehört mit zwei weiteren Karten (Asia nova und Andalusiae novae) zu den drei Karten die Jodocus Hondius eigenhändig als Autor zum „Mercator – Hondius Atlas“ hinzugefügt hat.
Die restlichen 33 Karten (von den insgesamt 36 neuen Karten) bezog Hondius von diversen anderen Autoren, die teils bekannt, teils unbekannt sind.

Die alten Kupferplatten Mercators wurden bis 1640 weiter verwendet. Dabei wurden sie immer wieder bearbeitet, ergänzt und kopiert.[14]
Die in meinem Besitz befindliche Afrikakarte von 1606 erschien unverändert in der Französischen Ausgabe von 1619. Eine erste französische Ausgabe des „Mercator-Hondius Atlas“ von 1607 (temporär im Besitz des Gouverneurs von Nancy) befindet sich heute in der Universitätsbibliothek Heidelberg.

Die Reise zu den Quellen der Karte

Freundlicherweise bekam ich bei der Lieferung vom Antiquariat eine kleine hilfreiche Beschreibung der Karte mitgeliefert auf der steht: „Dies ist eine attraktive Karte mit zahlreichen Schiffen und Seemonstern in den Ozeanen in einem fein gravierten Stil, typisch für Jodocus Hondius (1563 -1612)
Die Geographie für diese Karte stammt aus verschiedenen Quellen. Ein Teil des Inneren Afrikas basiert auf Mercators Karte von Afrika aus dem Jahr 1595, es wurden jedoch zahlreiche Ergänzungen und Änderungen vorgenommen. Hondius hatte Zugang zu den Forschungsbüchern von Leo Africanus, Pigafetta (basierend auf dem Reisebericht von Duarte Lopez), Ramusio, De Barros, und anderen. Diese wurden ergänzt durch die neueren niederländischen Quellen wie Van Linschotens Reiseroute mit den beiden Karten des südlichen Teils Afrikas nach portugiesischen Quellen.
Diese mitgelieferte kleine Erläuterung soll uns nun als eine Art „Reiseführer“beim Fortgang der weiteren Reise zu den Hintergründen und Geheimnissen der Karte dienen.
Anhand der aufgeführten Namen, die zu dem Gesamtbild der Karte als Quellen beigetragen haben, können wir nun auf die Suche zu deren Beitrag gehen, können recherchieren und entdecken.
Die erste genannte Quelle auf unserem kleinen Reiseführer ist Mercator.
Den „Ptolemäus seiner Zeit“ haben wir bereits kennengelernt. Von ihm stammen große Teile der Karte, die Hondius mit weiterem Leben und Neuerungen füllte.
Während die Küstenlinien des Kontinents schon gut erforscht sind,

ist das Innere Afrikas zu großen Teilen noch mit Fantasie Vorstellungen, Ahnungen und falschen geografischen Lokalisationen gefüllt. So findet man noch Amazonen, Menschenfresser und Tritonen an Flüssen und Seen, die nicht unbedingt der Realität entsprechen.
Die Erforschung des Inneren Afrikas hat trotz einiger hervorragender Reiseberichte noch nicht im großen Maße stattgefunden. Die Quellen von Nil und Sambesi oder die großen Seen in Zentralafrika als Beispiel, sind noch völlig unbekannt.
Ich besitze eine Karte von C.F. Weiland aus Weimar, die auf das Jahr 1830 datiert ist.
Sie lässt die unerforschten Teile Afrikas leer und unterscheidet sogar zwischen „Unbekannte Länder" und „völlig unbekannte Länder", was ich als sehr bemerkenswert empfinde.
Im 16. und 17. Jahrhundert war solch eine Beschreibung mit freien weißen Flächen eher weniger vorstellbar. Man hielt sich da eher an die andalusische Schule der Kartografen und füllte die unbekannte Fläche mit sagenhaften Bergen, Seen und Tierdarstellungen.
Berühmt geworden, in Bezug auf das Füllen von eigentlichen „weißen" Flächen sind die folgenden wiedergegebenen Zeilen aus dem sarkastischen Gedicht „ On poetry: A Rapsody", dessen Abdruck für einige Drucker und Verleger im Jahr 1734 mit der Verhaftung endete.[15]

So Geographers in Afric-Maps	Weshalb Geographen, in Afrika Lücken
With Savage-Pictures fill their gaps	Mit Bildern von Wilden die Gegenden schmücken;
And oèr unhabitable Downs	Und innerhalb unbewohnbarer Haine
Place Elefants for want of towns	Elephanten zeichnen, den Städte gibt`s keine.[16]

Diese witzigen und ironischen Zeilen verweisen auf ein Problem, das in der kartographischen Forschung erst seit wenigen Jahren in seiner Bedeutung und seinen Dimensionen erfasst wird. Dabei geht es um die Frage, was Kartographen wissen, zeigen und was sie uns

verschweigen. [15]
Jonathan Swift, der Autor von Gullivers Reisen und Verfasser oben aufgeführter Zeilen bezog sich in seinem Spott dabei auf Karten, mit sehr großen Elefanten, die unbekannte Gebiete verstecken sollten.
Prof. Ute Schneider schreibt dazu:
Der Elefant, der in vielen Kulturen seit der Antike als Symbol für Intelligenz und Stärke galt, wurde bei Desceliers und anderen Kartographen zu einem Symbol für das Unbekannte. Mit zunehmenden Kenntnissen über seine Verbreitung konzentrierte sich die Symbolik seit dem 16.Jahrhundert auf Afrika, wo er, wie Swift keineswegs nur ironisch bemerkte, auf manchen Karten den Kontinent vollständig ausfüllte.[17]
Unsere Reise führt uns weiter zur nächsten Quelle der Karte.

Leo Africanus
Aufgeführt in unserem „Reiseführer" wird Africanus, zu dessen Buch Hondius Zugang hatte.
Gemeint ist damit Leo Africanus, der um 1490 in Granada geboren wurde und aufgrund der Reconquista schon bald nach seiner Geburt nach Fes umzusiedeln.musste.
Der spätere Diplomat, Rechtsgelehrte, Autor und Übersetzer, berberischer Abstammung studierte an der dortigen Universität al-Qarawīyīn und begleitete einen Onkel auf dessen Reisen in Nordafrika, wobei er unter anderem Timbuktu, Kairo, Gao Agades, sowie verschiedene Nomadenstämme und Berberdynastien besuchte.
1518 wurde er von einem christlichen Korsaren gefangen genommen und nach Rom gebracht, wo er unter der Obhut Papst Leo X in der Engelsburg festgehalten wurde.
Erst als er zum Christentum konvertierte ließ man ihn wieder frei.
Er blieb in Rom und arbeitete nun als Übersetzer arabischer Literatur. Er lernte die lateinische und italienische Sprache, war an der Übersetzung des Korans in lateinische Sprache beteiligt und verfasste „Die Beschreibung Afrikas" und weitere Werke in italienisch.
Um 1530, kurz nach der Sacco di Roma (Plünderungen Roms nach dem 6.Mai 1527 durch Söldner Karl V im Zuge seines Krieges gegen

die Liga von Cognac) verliert sich seine Spur.
Ich finde jetzt nur noch „möglicherweise“, „beruht auf Spekulationen“, „ man nimmt an“, „ man vermutet“ in seiner Vita. Auf diese Vermutungen können wir aber verzichten und ich breche meine Reise zum Leben von Leo Africanus hier ab.
Gefunden habe ich die für meine Karte relevanten Informationen allerdings schon.
In seinem Buch „ Die Beschreibung Afrikas“ (im italienischen Original „ La descrittione dellÀfrica“) schildert Africanus, der Marokko, den Sudan und die Sahara bereist hatte, unter anderem vom Reichtum des Songhai Reiches, ebenso wie von Timbuktu und seinen Lehmmoscheen. Sein Werk sollte über Jahrhunderte ein sehr einflussreiches Werk über Kultur und Geografie Nordafrikas im europäischen Raum sein.
Dieses Buch setzte indirekt die wissenschaftliche Afrikaforschung (die etwa ab dem Jahre 1790 begann) in Gang, indem es das Interesse der nach Afrika exportierenden Staaten weckte.
Aber erst durch die Reisen von Mungo Park, René Caillié und Heinrich Barth wurde sein Werk als geografische Quelle überflüssig. Barth, der viele der von Africanus beschriebenen Gegenden später selbst bereiste, sollte eine kommentierte Übersetzung von Africanus` berühmten Buches herausgeben, an deren Fertigstellung er leider durch seinen plötzlichen Tod 1865 gehindert wurde.[18]
Der Auftraggeber für Barth`s Übersetzung war die 1846 gegründete, renommierte Hakluyt Society in London, benannt nach Richard Hakluyt, den wir ja schon ausführlicher kennengelernt haben.
Es ist interessant zu sehen das Namen, die wir bereits kennen immer wieder auftauchen, um sich um Hondius herum zu verdichten.

Philippo Pigafetta und Duarte Lopez

Zurück bei unserem kleinen „Reiseführer“ machen wir uns auf zum nächsten Punkt auf unserer Reise:
Wir wenden uns dem Forschungsbuch Pigafettas, basierend auf dem Reisebericht von Duarte Lopez, als nächstes zu.
Gemeint mit Pigafetta ist der Mathematiker und Forscher Philippo Pigafetta (1533 – 1604), der möglicherweise auch das Pseudonym

Marco Verricci verwendete.
„Relatione del reame del Congo“ (Ein Bericht des Königreichs Kongo und der umliegenden Länder) wurde 1591 veröffentlicht und ins Englische, Lateinische (als Regnum Congo), Französische, Niederländische und Deutsche übersetzt.
Pigafetta erklärte darin, dass er von Papst Sixtus V beauftragt wurde den Bericht von Duarte Lopez, einem portugiesischen Händler, der 12 Jahre im Kongo verbracht hatte, zu transkribieren.
Lopez hatte in Rom auf die Unterstützung des Papstes bei seiner Mission der Kongolesen gehofft. Als dieses nicht geschah, kehrte er in den Kongo zurück und verschwand dort spurlos.
Die transkribierte Erzählung beschreibt detailliert seine Reise auf einem Schiff seines Onkels und ebenso die Geschichte und Geografie des Königreiches Kongo und seiner sechs Verwaltungsregionen unter der Herrschaft seinen Königs, den Lopez „Don Alvarez“ nennt.
Dieser Bericht zeigt das Ausmaß der portugiesischen Erforschung Westafrikas im 16, Jahrhundert,
und war bis Mitte des 19.Jahrhundert Hauptquelle über diesen Teil der Welt.
Hondius hatte Zugang zu diesem Reisebericht, den er sich wohl auch für seine Afrika Karte zunutze machte.
Am Rande sei bemerkt das Pigafettas Congo Regnum auch eine wichtige Rolle in H.P. Lovecraft`s Kurzgeschichte „The picture in the house“ von 1921 spielte.[19]

Kurzer Umweg zu Magellan und der ersten Weltumsegelung
Ich schweife nun wieder einmal, dieses Mal nur ganz kurz, von unserem Reiseweg ab:
Bei meiner Suche nach Pigafetta stieß ich auf einen zweiten Mann dieses Namens mit dem Vornamen Antonio (geboren um 1492 , verstorben nach 1531) Wenn ich die Geburtsdaten anschaue könnte es sich bei Antonio um den Enkel oder einen anderen Verwandten von Philippo handeln. Ich könnte allerdings auch total auf dem Holzweg sein und es besteht gar keine Verbindung zwischen den Beiden. Bisher konnte ich noch keine Antwort darauf finden, wobei

ich zugeben muss, bisher auch nur ganz oberflächlich dieser Spur nachgegangen zu sein. Aber das stellen wir erst einmal zurück, wobei aufgeschoben und aufgehoben, wie war das nochmal?
Weshalb mich das interessiert?
Antonio Pigafetta wurde bekannt als der Chronist der „ Nao Victoria“ und gehörte damit zu den 18 Menschen die als erste die Welt umsegelten (später gelang noch weiteren 18 Männern die Heimkehr).
Magellan gehörte aufgrund seines Todes auf den Philippinen 1521 leider nicht dazu, was seinen Beitrag und seine Leistung, die diese Weltumseglung erst ermöglichten, auf gar keinen Fall schmälern soll. Juan Sebastian Elcano segelte die Nao Victoria als ein zigstes von fünf Schiffen, mit anfangs 237 Mann Besatzung, zurück nach Hause und verdiente sich so auch das Wappen, das ihm vom spanischen König verliehen wurde: „Primus circum dedisti me“ (Als erster hast du mich umfahren). Das Elcano heute fast unbekannt ist, basiert auf zwei Gründen. Erstens verpasste er nach seiner Heimkehr ein Buch über die Weltumseglung zu schreiben (das „Internet“ der damalige Zeit) und zweitens erwähnte seltsamerweise Antonio Pigafetta den ersten Weltumsegler in seinem Reisebericht mit keinem Wort.
Aber auch wenn seine persönlichen Verdienste von der Weltöffentlichkeit nicht beachtet werden, so läutete seine Erdumrundung aber doch die Globalisierung der Welt mit all ihren Vor und Nachteilen ein. Mit Elcano`s Rückkehr begann die Welt immer kleiner zu werden.[20]

Giovan Battista Ramusio

Genug abgeschweift, unsere Reise führt weiter zu dem Italiener Giovan Battista Ramusio, einem Historiker, Humanist und Geograf, der von 1485 bis 1557 lebte. Er war der Herausgeber der wichtigsten Reiseliteratur seiner Zeit, dem monumentalen Werk *Delle navigationi et viaggi*, das bei Giunti in Venedig erschien.
Der erste Band, der Reiseberichte uber Afrika beinhaltet und für unsere Reise im ersten Augenschein am relevantesten ist, wurde 1550 publiziert. Wie wir wissen hat Hondius auch daraus Informationen zur Karte bezogen.

Der bekannteste Teil seines Werkes ist aber der posthum veröffentlichte Band mit Reiseberichten nach und aus Asien, darin enthalten der Reisebericht „Milione“ von Marco Polo, den Ramusio in einer von ihm bearbeiteten Version veröffentlichte.
Unerwarteter Weise werden gerade diese asiatischen Reiseberichte für die Afrika Karte sehr wichtig.
Denn in Marco Polos Reisebericht, finden wir Passagen in denen er die afrikanische Ostküste beschreibt.
Unter anderem wird die Insel Madagaskar hier erstmalig erwähnt.
Marco Polo selbst war nie in Afrika, aber er hatte wiederum Zugang zu chinesischen Quellen und die Chinesen unternahmen zwischen 1405 -1433 verschiedene Reisen an die Ostküste Afrikas.
Sie kamen allerdings nicht, wie die Portugiesen 70 Jahre später als Eroberer, sondern um Handel zu treiben. Und so plötzlich wie sie aufgetaucht waren zogen sie sich nach 1433 auch wieder nach China zurück.[21]

De Barros

Weiter führt unsere Reise zur nächsten Stadion, zu dem Namen den unser „Reiseführer“ als Vorletzten genannt hat: De Barros
Der Historiker Joao De Barros (1496 - 1570) ist bekannt durch seine „Dekaden in Asien“, in denen er die Geschichte der Portugiesen in Asien, insbesondere in Indien aufzeichnete. Seinen Beitrag zu Jodocus Hondius Afrikakarte leistete er auf den ersten Blick als Hauptmann der portugiesischen Festung Sao Jorge da Mina (El Mina) an der Goldküste, dem heutigen Ghana, wo er 1522 eintraf.[22]
Wenn man aber genauer recherchiert, entdeckt man, dass sic in den „Decadas da Asia“ immenses Wissen verbirgt und es eine bedeutsame Beschreibungen Afrikas beinhaltet.
Speziell das Wissen über Südost und Zentral Afrika kommt für nahe zu alle Kartografen über Jahrhunderte von De Barros. Ob beispielsweise Mercator oder Ortelius, ob Blaeu oder Hondius, die „Decadas da Asia“ sind eine wichtige Quelle. De Barros beschreibt die Entdeckung des Rio Poderoso (Kongo) von Diego Caò, er liefert detaillierte Informationen über Sofala und und dem Königreich Monomotapa, er berichtet über die Goldminen im Toroa Distrikt

(Königreich Buta), einem Vasallen Monomotapas, und er beschreibt ein Gebäude das Axelson für die Ruinen von Great Zimbabwe hält. Ebenso ist die genaueste Beschreibung des hydrographischen Systems Zentral Afrikas in den Dekaden von Asien zu finden.

Jan Huyghen Van Linschoten

Es bleibt nun noch ein Name, ein letztes Reiseziel unseres Reiseführer: Van Linschoten.

Wollen wir einmal sehen, wie relevant dieser Mann für die Karte ist. Wobei es, auch wenn ich nichts aufregendes bezüglich der Karte finde, eigentlich doch immer interessant ist diese Personen kennenzulernen. Je weiter ich mich in dieses Thema vertiefe, umso interessanter wird diese Reise, auch wenn sie in Sackgassen enden sollte oder in völlig neues unbekanntes irrelevantem Terrain führt. Reisen heißt doch auch Neugier zu befriedigen.

Die Neugier lässt uns immer wieder Türen zu Unbekanntem öffnen.Wir werden überrascht, manchmal fasziniert, ab und an schockiert, aber immer wieder erfahren wir Neues.

Der in Haarlem 1563 geborene Kaufmann, Autor und Entdecker Jan Huyghen Van Linschoten ging 1581 als Sekretär des Erzbischof von Goa (Frei Vincente da Fonseca) nach Portugiesisch Indien.

Aufgrund seiner Position hatte van Linschotten Zugang zu geheimen Papieren der Portugieser, darunter auch zu den Seekarten, die diese über ein Jahrhundert lang, so gut es ging, geheim gehalten hatten. Unter Bruch des in ihn gesetzten Vertrauens begann er diese Seekarten heimlich zu kopieren.

Die Strafe dafür folgte auf den Fuß.

Sechs Jahren später starb sein Gönner, der Erzbischof und van Linschoten trat die Heimreise an.

Diese wurde allerdings durch einen Schiffbruch, verursacht von englischen Piraten, unterbrochen und er verbrachte zwei Jahre auf den Azoren.

1592 kehrte er in seine Heimatstadt Enkhuisen zurück. Dort schrieb er drei Bücher, die ihre Relevanz zur Afrika Karte haben.

1595 Reys-gheschrift vande navigatien der Portugaloysers in Orienten (Reisebericht über die portugiesische Navigation im

Orient). Darin enthalten sind viele Segelrouten nach Indien, entlang Afrikas Küsten.
1596 Itinerario: Voyage ofte schipvaert van Jan Huyghen van Linschoten naer Oost ofte Portugaels Indien, 1579-
1592 (Reisebericht über seine Fahrt nach portugiesisch Indien)
Am 8.2.1611 verstarb Jan Huyghen van Linschoten in Enkhuisen.
1597 die Beschryvinghe van de gantsche custe van Guinea, Manicongo, Angola ende tegen over de Cabo de S. Augustijn in Brasilien, de eyghenschappen des gheheelen Oceanische Zees. Unter anderem befindet sich in diesem Buch die Beschreibung der ganzen Küste von Guinea,Kongo und Angola.
Van Linschotens Bücher und Seekarten regten Cornelius de Houtman zu einer ersten Entdeckungsfahrt in den Osten an, die schlussendlich zur Gründung der Niederländischen Ostindien Kompanie und damit zum Ende der Monopolstellung der Portugiesen führte.
Cornelius de Houtman, das sei am Rande erwähnt, war bestimmt kein Diplomat oder besonders feinfühlig. In Batam beleidigte er den Sultan und musste deshalb die Insel verlassen. Auf Madura veranstaltete er trotz freundlichem Empfang ein Massaker. Nur in Bali konnte er einige Fässer mit Pfefferkörnern erstehen. Im ersten Moment erscheint es seltsam, dass all diese Wagnisse für ein paar Pfefferkörner unternommen wurden. Aber zurück in Europa wurden Gewürze, wie besagter Pfeffer, aber auch Nelken und Muskatnüsse etc., mit Gold aufgewogen.
Seine erste Ostindien Expedition war ein menschliches und finanzielles Desaster, kann aber als Startpunkt der niederländischen Kolonialherrschaft angesehen werden. Seine zweite Expedition 1589 wurde für ihn persönlich dann zum Desaster, da er in Sumatra auf Befehl des Sultans von Aceh ermordet wurde.[23]
Ich weiß, ich bin schon wieder etwas vom Wege abgekommen, aber man mag mir mein abermaliges Abschweifen verzeihen, da mich die Neugier einfach nicht los lässt und mich dazu verleitet, auch hinter Ecken zu schauen, die den zielstrebigeren Reisenden nicht so sehr interessieren.
Mit den Büchern van Linschotens endet aber nun auch unsere Reise zu den Quellen der Karte.

All jenen, die wir nun besucht und näher kennengelernt haben, die direkt oder indirekt an meiner Afrika Karte mitgewirkt haben, sei mein Dank ausgesprochen.
Ich möchte nun nicht noch weiter ausholen und mich auch noch mit der Geschichte des Kupferstichs beschäftigen. Trotzdem sei ein ganz kleiner Exkurs zu den Kupferstechern erlaubt, wobei ich dabei nicht die Kunst dieser Zunft schmälern oder auch nur im entferntesten despektierlich klingen will.
Mein lieber (alter) Freund und Kupferstecher..., wer kennt nicht diese sprichwörtliche Anrede, die vertraulich mit ironischen Unterton, manchmal auch abwertend, gebräuchlich ist.
Woher dieses Sprichwort kommt ist ungeklärt.
Zwar wird gelegentlich der Schriftsteller Friedrich Rückert genannt, der seinen Freund den Kupferstecher Carl Barth in seinen Briefen so angeredet hat, oder auch Theodor Fontanes Roman „Frau Jenny Treibel" (Kapitel 8) (1892) wird als Ursprung benannt: „Das hat so sein sollen, Freund und Kupferstecher; mitunter fällt Ostern und Pfingsten auf einen Tag."
Dazu kommen noch andere Vermutungen. Gesichert ist das alles nicht.
Sicher ist nur, das mit aufkommen des Papiergeldes die Kupferstecher die nötigen Voraussetzungen hatten um auch als Geldfälscher tätig zu werden.
Manchmal kam es auch vor dass ein Gemälde in eine Druckgrafik umgewandelt wurde ohne den Autor des Gemäldes in der Legende zu erwähnen.
Eigentlich war es Brauch sowohl den Namen des Malers (...fecit, ... hat es gemacht) als auch den Namen des Kupferstechers (...sculpsit, ... hat es gestochen) zu nennen.
Für einen Kupferstecher war es aber leicht möglich den Namen des Malers zu „vergessen" um sich mit fremden Federn zu schmücken.
Aus diesem Grund war gegenüber manchen Kupferstechern ein leichtes Misstrauen angebracht, auch wenn es alle ehrlichen Männer dieser Zunft in Misskredit brachte.
Schon bei dem erstmaligen auftauchen des Wortes Kupferstecher war mir bewusst, dass ich dazu im Laufe meiner Aufzeichnungen etwas

sagen musste. Da dies nun geschehen ist, sehe ich diesen kleinen Exkurs als beendet an und die Reise führt weiter, wobei es natürlich jedem Mitreisenden selbst überlassen ist, den einen oder anderen weiteren Umweg zu unternehmen, um das eine oder andere bisher angesprochene Thema zu vertiefen.

Nun aber wirklich mit dem Finger auf der Afrika Karte

Wir reisen ohne weitere Umwege auf direktem Wege zur Karte.
Während Jodocus Hondius im Jahr 1606 den Kupferstich zu dieser Afrika Karte fertigstellt, wird Rembrandt van Rijn geboren und während ich gerade hier schreibe klingelt es an der Haustür und ich bekomme ein Paket überreicht.
Wie passend!
Der Rahmen für die Karte ist angekommen und kurz darauf ist die Karte auch schon eigenhändig gerahmt.
Nun können wir uns die hinter entspiegeltem, sicherem Museums Glas geschützte Karte genauer ansehen und reisen wirklich mit dem Finger auf der Landkarte.
Durch den Text auf der Rückseite der Karte lässt sich der Druck genau dieser Karte eindeutig der französischen Ausgabe des Jahres 1619 zuordnen.
Die Farben der Karte haben die letzten 400 Jahre anscheinend schadlos überstanden und je länger ich mir die Karte ansehe, um so begeisterter bin ich.
Sie sind einfach fantastisch!
Links, unten in der Ecke, befindet sich eine farbige Kartusche mit dem Namen der Karte (Nova Africae Tabula auctore) und der Name Jodoco Hondio
Gleich daneben entdecke ich St. Helena, darunter einen Zweimaster unter vollen Segeln und rechts neben St. Helena ein fischähnliches Seeungeheuer.
Sankt. Helena wird von Hondius wie folgt beschrieben:
I.S. Helenaes, quamvis incolarum sit expers, diversis tamen fructibus amaenis fyluestribus luxuriat navibus ex India Orientali gratisima.
Dies übersetze ich wie folgt:
„Die Insel St. Helena bietet, obwohl sie unbewohnt ist, trotzdem

verschiedenartige Früchte, angenehme Ziegenböcke und Wälder und ist ein höchst willkommene Zwischenstopp für die Schiffe aus Ostindien."
Dieser Satz entspringt einem langer Diskurse, vielen E-Mails und Stunden voller anregender Chat Konversation.
Bei dem Spaß um diese Übersetzung, haben Thilo (ihr erinnert euch an den Absatz von der Schulzeit mit dem Städtesuchen?) und ich, so ganz nebenbei, ganz intensiv die Frühzeit von St. Helena bereist. Mir scheint, ich kenne nun jeden Baum und jede Ziege die dort jemals gelebt hat.
St. Helena wurde zu einer Reise, die sich aus der Übersetzung des lateinischen Satzes einfach so nebenbei entwickelt hat.
Es gibt soviel zu St. Helena zu sagen, einer Insel die für die damalige Schifffahrt sehr wichtig war. Alleine darüber könnte ich mich sehr lange und ausdauernd auslassen.
Je länger ich mich mit einem Detail befasse, desto intensiver und tiefgründiger schürfe ich in diesem Thema, desto mehr Wissensschätze kann ich ans Tageslicht befördern. In solchen Momenten wird die Reise zur Karte zum Abenteuer.
Ich halte mich aber zurück.
Nur ein paar Sätze der Beschreibung der Insel auf der Rückseite einer Karte von St. Helena aus dem Hause Hondius, veröffentlicht im Jahr 1619 mit französischem Text, kann ich dem Leser nicht vorenthalten. Sie ermöglichten eine genauere Übersetzung des lateinischen Satzes auf meiner Afrika Karte und schenken uns am Schluss gar noch eine kleine spannende Anekdote aus der menschlichen Frühzeit von St. Helena :
„Sie ist fast sechs Meilen groß. Bevor die Portugiesen dort ankamen, gab es keine Tiere und keine Obstbäume, aber jetzt ist sie voll von wilden Tieren, die sich dort vermehren, sowie von Ziegen, Rebhühnern, Tauben und Ebern. Es gibt auch einen angenehmen Überfluss an lebendigen, mächtigen Wassern, die in einem schönen Tal von hohen und unzugänglichen Bergen nach allen Seiten hin abfließen und sich ins Meer ergießen. Es gibt nur einen Ort, durch den man hineingehen kann, alle anderen sind von hohen Bergen umgeben.

……Die Güte dieses Ortes ist wunderbar. Granatäpfel, Orangenäpfel und Limonen wachsen dort in Hülle und Fülle und werden sechs- oder siebenmal am Tag vom Himmel durch Regen bewässert, während zwischendurch die Sonnenstrahlen eindringen.
….An den Stämmen der Feigenbäume sieht man Namen geschrieben, die mit den Bäumen gewachsen sind: man kann lesen, dass sie im Jahr 1510 und 1515 eingeritzt wurden.
...Ein anderes Mal wurde ein gewisser Iavan mit seinen beiden Kammerfrauen aus den Schiffen geworfen und sie versteckten sich in den Bergen und Felsen, wohin es keine Wege gab, wenn Schiffe kamen. Diese drei zeugten in kurzer Zeit 20 weitere. Wenn die Schiffe kamen, hielten sie sich in den Höhlen auf; und wenn sie wieder abreisten, verwüsteten sie weiter die Insel. Dann schickte der König Soldaten dorthin, die sie alle gefangen nahmen und nach Portugal führten“.
Ist das nicht eine phantastische Geschichte von Iavan und seinen „Kammerfrauen“ ?
Sodom und Gomorrha auf St. Helena.
Aber weiter auf der Karte.
Ich weiß gar nicht welchem Teil ich als nächstes mein Augenmerk widmen will.
Auf den Meeren, um Afrika herum, finde ich weitere Schiffe und Ungeheuer, die aus den Tiefen des Meeres auftauchen, und die in Form und Farbe verschieden sind.
Ich mache einen ersten Ausflug auf das afrikanische Festland.und finde „Lunae Montes“, die sagenhaften Mondberge.
Von Aischylos, (500 vor Christus) dem griechischen Tragödiendichter wissen wir das Ägypten „von Schnee genährt“wird. Welch wunderschöne Umschreibung der Vorstellung Aischylos, dass der Nil in einem Gebirge mit schneebedeckten Gipfeln entspringt.
Nur wenig später lokalisiert Herodot (450 vor Christus) die Quelle des Nils in einem See zwischen zwei Berggipfeln, den manche Forscher für den „Lac de la Lune“ halten.
Im ersten Jahrhundert nach Christi Geburt brachte dann Ptolemäus, der berühmte griechische Geograf, Mathematiker und Astronom, die sagenhaften „Mondberge“ auf die Landkarten. In diesen Mondbergen

vermutete er die Quellen des Nils. Bis in die Mitte des 19 Jahrhunderten geisterten diese ptolemäischen Mondberge über die Karten Afrikas. Auf einer meiner Landkarten, aus dem Jahr 1830, zeigen sich diese mystischen Berge weit nördlich des Äquators, nahe eines Gebietes, dass auf der Karte mit „Völlig unbekannte Gebiete" beschrieben ist. Auf der Karte von Jodocus Hondius sind sie in der Höhe des heutigen Sambia eingezeichnet. Südlich zweier großen Seen, die vom Wasser der Berge gespeist werden, ziehen sie als eine quer verlaufende Bergkette fast über den gesamten Kontinent.
Ob und inwieweit die Menschen der Antike überhaupt Kenntnisse vom Ruwenzori Gebirge hatten, sei dahingestellt. Vielleicht war es auch nur Logik, zu vermuten, dass ein so großer Strom wie der Nil nur in einem hohen schneebedeckten Gebirge entspringen konnte. Manche neueren Geschichtsforscher vermuteten den Kilimandscharo, den Mount Kenya oder die Virunga Vulkane hinter den Mondbergen.
Allerdings sind erstere alleinstehende Berge, letztere dagegen ohne Schnee. Mir gefällt die Ruwenzori Version am Besten. Die sagenhaften, mystischen Mondberge müssen einfach das Synonym für den Ruwenzori gewesen sein.
Anders mag ich es mir gar nicht vorstellen.
Als ich damals real am Fuß des Bergmassivs stand und nach dem Überqueren der ersten reißenden Bäche den Geistern der Berge ihren Respekt gezollt hatte, danach durch die Zauberwälder, vorbei an meterhohen Lobelien und hoch wie Bäume gewachsenen Johanniskräutern durch Nebel und Sumpf hinauf gewandert war, hatte ich keinen Zweifel, dass mit den mystischen Mondbergen kein anderes Gebirge als der Ruwenzori, der Regenmacher, gemeint sein kann.
Allen Vermutungen und Überlegungen über Berge am Ursprung des Nils setzte die Expedition Stanleys ein Ende.
Nachdem zwei Mitglieder dieser Expedition die Berge bereits am 20. April 1888 gesehen haben sollen, entdeckte Henry Morton Stanley den Ruwenzori dann offiziell am 24. Mai 1888. Damit war die Reise der geheimnisvollen Mondberge auf den Landkarten Afrikas beendet und das Ruwenzori Gebirge füllte eine unbekannte weiße Landfläche

im Inneren Afrikas und wurde zur Realität
Ich denke es fällt vielen schwer zu glauben, das andere Expeditionen wie zum Beispiel Emin Pascha (1886) dieses hohe, schneebedeckte Gebirge übersehen konnten, obwohl sie doch so nahe daran vorbei gezogen waren.
Aber der geheimnisvolle „Regenmacher" kann sich sehr gut unter Wolken und Dunst verstecken.
Auch ich war tagelang selbst nur wenige Kilometer von ihm entfernt ohne auch nur eine Ahnung von ihm zu erhaschen. Es war, als gäbe es ihn gar nicht. Aus diesen eigenen Erfahrungen kann ich sehr gut nachvollziehen, dass man direkt an ihm vorbei laufen kann, ohne ihn zu Gesicht zu bekommen.
Als Stanley mit seiner Mannschaft den westlichen Fuß des Gebirges passierte, kletterte einer seiner Expeditionsteilnehmer, William Grant Stairs bis auf 3200 Meter. Emin Pascha erreichte 1891 dann bereits knapp 4000 Meter Höhe.
Aber erst 1906 bestieg Luigi Amado von Savoyen, während er sich mit seiner Expedition fünf Monate im Gebirge aufhielt, 30 Gipfel (darunter die Margherita Spitze des Mount Stanley). Der alpinistisch erfahrene Prinz war während dieser Expedition mit vier Bergführern und 150 Trägern unterwegs.
Zu dieser Zeit, sogar bis Mitte der fünfziger Jahre des zwanzigsten Jahrhundert gab es noch 42 Gletscher. Heute ist nunmehr der Mount Stanley großflächig vergletschert. Auf allen anderen Massiven finden sich nur noch kleine Eisfelder. Mount Gessi und Mount Enim sind dagegen bereits vollkommen eisfrei, ein Schicksal das bald alle diese Berge ereilen wird. Dann wird Ägypten nicht mehr „vom Schnee genährt" wie es uns Aischylos so poetisch berichtet hat.
Ich verlasse die „Lunae Montes", deren Zuflüssen den „Lac Zaire" speisen, den Jodocus beschreibt mit den Worten: „Lac Zaire, ubi Tritones et Syrenes este dicuntur." (Der Zaire See, wo angeblich die Tritonen und Sirenen zuhause sind).
Ich reise in das Land Cafates. Hier leben die Amazonen erzählt mir die Karte.
Ich entdecke den Borneo See, durch den der Niger fließt. Dem Fluss stromaufwärts folgend, gelange ich an den Niger See und entdecke

die Quelle des Flusses, zwischen einem Affen und einem Elefantenbild, in der Nähe von Bergen. „In hicse montibus smaragdi plurimi sunt“ erzählt mir die Karte (In diesen Bergen gibt es viele Smaragde).
Und nun muss ich mich entschuldigen.
Ich fühle wie sehr ich mich in diese Reise verliere.
Ich werde nun erst einmal alleine weiter reisen, auf einer Reise von der ich nicht absehen kann wann und wo sie enden wird und welche Abenteuer und Unwägbarkeiten bei Übersetzungen und Nachforschungen mir begegnen werden. Es gibt einfach zu viel noch zu entdecken, zu viel noch zu erforschen.
Wer weiß wohin mich die Karte noch bringen wird.
Aber schon jetzt hat sie mich zurück in eine andere Zeit gebracht.
Ich reise auf Schiffen und rieche den Geruch von Ziegen und Zitronen auf St. Helena, spüre die Kälte im Schnee der Mondberge und höre staunend den Gesängen der Sirenen am Lac Zaire zu
Ich habe sie, liebe Leser, mitgenommen auf eine Reise „mit dem Finger auf der Landkarte“, deren Ende noch offen ist.
Ich weiß nicht ob es mir gelungen ist, den einen oder anderen für diese Art des Reisens zu begeistern.
Ich aber tauche weiter ein in meine Karte.
ANZICANA Cujus populi sunt antropohagi. (ANZICANA, dessen Volk die Antropohagi sind)
Die Antropohagi sind ein mythische Kannibalenvolk
Ich reise mit dem „Finger auf der Landkarte“ weiter nach Damut.
Damut hic effoditur auru[m] in magna copia. (Damut: Hier wird cinc großcn Menge Gold ausgegraben.)
Ich möchte mich nochmals Entschuldigung, aber hier breche ich jetzt endgültig unsere gemeinsame Reise auf der Karte ab.
Man denke sich ein Schild an meiner Haustür auf dem steht:
Bin nicht zuhause.
Befinde mich gerade auf einer Expedition in Afrika.
Ein paar Jahrhunderte später bin ich möglicherweise wieder zurück.
Probieren Sie es dann gerne noch einmal.

Teil 2 des Buches

Es sind einige Monate vergangen.
Die Beschäftigung mit der Karte haben mich weitergeführt zu den Karten über Afrika im allgemeinen. Die Entwicklung afrikanischer Landkarten war solange es noch weiße Flecken gab in einem stetigen Fluss des Wissens und der damit verbundenen Veränderung der Karten.
Ich fragte mich wie ältere Karten ausgesehen haben, wann es eigentlich begann das Menschen Karten in und über Afrika erstellten und wer diese Karten von Afrika hergestellt hat.
Welches Wissen war vorhanden? Wie wurde dieses Wissen erweitert und ergänzt?
Hinter jedem Eintrag auf einer Landkarte muss doch zumindest ein Mensch stehen, der diese Information auf eine Felswand, Tierhaut oder auf Papier gebracht hat?
Dazu bedurfte es doch wohl Entdecker und Forscher, die wagemutig in das Unbekannte aufbrachen und neues Wissen zurück brachten, wenn es ihnen gelang, selbst zurück zu kommen?
Fragen über Fragen.
Den interessierten Leser möchte ich in diesem zweiten Teil nun gerne mitnehmen, um diese Fragen, wenn auch sicherlich nicht vollständig, zu beantworten.

Erste Karten von Afrika von Afrikanern

Man kann den Beginn der Geschichte der Landkarten in Afrika auf mehr als 10.000 Jahre datieren.
An vielen Stellen in Afrika findet man Gravuren auf Felswänden, die Tiere, Menschen und ihre Umgebung zeigen. Wie auch bei den bekannten Höhlenmalereien in Europa beziehen sich diese groben Zeichnungen auf die Jagd. Die natürliche Landschaft spielt dabei eine vernachlässigbare Rolle.
Dies ändert sich um etwa 10.000 vor unserer Zeitrechnung, als erste landwirtschaftliche Gesellschaften entstehen, deren Felsmalereien nun anstelle von Jagdszenen Gehöfte, Vieh und Land, sowie ihre Beziehungen zueinander darstellten.
Diese auf Höhlen- und Felswände gezeichnete Figuren, die sogar

schon geografische Beziehungen andeuten, existieren im Norden Afrikas im Atlas- und Tissoukat-Gebirge in Marokko und in Südalgerien sowie im gesamten südlichen Afrika (Südafrika, Lesotho, Swasiland, Namibia, Botswana und Simbabwe).[1]
Auf das Jahr 1150 v. Chr datiert die älteste bekannte Karte, die einen Teil Afrikas darstellt. Diese Karte gehört zu der frühesten noch existierenden Karten der Welt. Sie zeigt leicht erkennbar, geografische Informationen über einen 15 km langen Abschnitt des Wadi al-Hammamat („Tal der vielen Bäder") im zentralen Teil der östlichen Wüste Ägyptens, östlich von Luxor. Heute befindet sich diese Papyruskarte im Museo Egizio in Turin.[2]
Eine andere Form von Karten stellen die sogenannten „Nicht permanente" Karten dar.
Sie nehmen eine wichtige Rolle in der Geschichte der afrikanischen Landkarten ein.
Hauptsächlich wurden sie dazu verwendet, um Anweisungen zu geben, indem Karten in den Sand gezeichnet oder geografische Informationen verbal rezitiert, und von Generation zu Generation weitergegeben wurden.
Ein immer wiederkehrendes Thema in der Literatur sind Szenen von Subsahara-Afrikanern, die Karten auf den Boden zeichnen und dadurch die Erforschung Afrikas durch Europäer hilfreich begleitet haben..
Leider, aber verständlich, waren diese Karten sehr kurzlebig.
Interessanterweise aber haben die europäischen Entdecker seit ihrer ersten Ankunft auf diesem Kontinent indigene „Karten" leicht verstanden und in ihre Sicht auf Afrika integriert.
Dies wurde normalerweise durch Gespräche mit afrikanischen Händlern, Pilgern und anderen weit gereisten Menschen erreicht, wahrscheinlich ergänzt durch tatsächliche Kartenskizzen, buchstäblich im Sand, und anderen visuellen Kommunikationsmitteln.
Es ist zwar nicht nachgewiesen, aber doch kann davon ausgegangen werden, dass Araber an der Ostküste sowie in Nordafrika, wie der bekannte Leo Africanus im frühen 16. Jahrhundert, der sich südlich der Sahara vorwagte, einen Großteil ihrer geografischen

Informationen von solchen afrikanischen Quellen erhalten haben müssen.[3]

Frühe Karten

Schon seit der Antike hatten die Europäer ein kartografisches Konzept von Afrika, insbesondere von dem Teil Afrikas entlang des Mittelmeers.

Die Griechen und Römer betrachteten Nordafrika als Teil der „Ökumene“ (vom altgriechischen Wort "oikein", wörtlich übersetzt "die ganze bewohnte Erde"), mit dem Ergebnis, dass weder in der Antike noch im Mittelalter eine eigenständige Idee, d.h. kein kartografischer Begriff von Afrika entstand.[4]

Afrika wurde meist als Libyen bezeichnet, insbesondere das den Europäern bekannte Gebiet. Es ist bekannt das die Römer das Wort „Africa“ zwar als erste verwendeten, aber nur um den speziellen Teil des karthagischen Reiches zu beschreiben der im heutigen Tunesien liegt.

Der Ursprung des Begriffes „Afrika“, der seit dem Spätmittelalter zunehmend für den gesamten Kontinent gebräuchlich wurde,bietet einen Spielplatz für viele Spekulationen, von denen keine gesichert ist.[5]

Einer der ersten Schriftsteller, der das Innere Afrikas durch tatsächliche Reisen und Entdeckungen beschrieb war der Grieche Herodot (489 – 425 v. Chr.)

Er besuchte (Mitte des 5. Jahrhunderts v. Chr.) Ägypten bis zu den Nilkatarakten bei Elephantine und reiste zumindest bis nach Kyrene. Unterwegs auf seinen Reisen sammelte er eine enorme Menge an geografischen, historischen und anekdotischen Informationen über Afrika (Libyen, wie er es nannte).[2]

Herodot unterschätzte allerdings die Breite Afrikas in Längsrichtung sehr stark. Dieser gravierende Fehler sollte sich bis weit ins 16. Jahrhundert hinein fortsetzten.[6]

Von Herodot wird berichtet, dass er gegenüber einem Bericht über die angebliche Umrundung Afrikas auf Befehl des ägyptischen Pharaos Necho durch phönizische Seefahrer um 600 v. Chr. skeptisch war.[1]

Allerdings vertrat er trotz seiner Zweifel an der angeblichen Umrundung Afrikas die These das Afrika einen Halbinselumriss im Süden habe.
Seine Ansicht des afrikanischen Kontinents mit einem Halbinselumriss im Süden, der den Westlichen und östlichen Ozean verbindet, wurde von Eratosthenes im dritten Jahrhundert v. Chr. akzeptiert, ebenso wie auch von Polybius im zweiten Jahrhundert v. Chr. und von Strabo im ersten Jahrhundert v. Chr.
Später hielten sich auch Mela, Plinius und andere an diese Sicht von Afrika.
Des weiteren bevorzugte Herodot eine Quelle für den Nil weit im Westen von Westafrika, südlich der Sahara. Mit einem klassischen Sinn für Symmetrie balancierte Herodot seinen Nil mit einem nördlichen Fluss in Europa, der Istar (Donau), aus. Diese Theorie eines westafrikanischen Flusses als eine Quelle für den Nil wurde fortgeführt, um ein großer Fluss zu werden, der in Breitengraden durch Westafrika fließt.[6]
Klassische Schriftsteller teilten das Innere des afrikanischen Kontinents in zwei Teile, das Innere Libyens (die Sahara) und Äthiopien Inferior (den größeren Sudan).
Mitte des 2. Jahrhunderts nach Christus war dann Claudius Ptolemäus (90-160 n. Chr.), der von der Amed-Bibliothek in Alexandria aus arbeitete, der Erbe einer langen klassischen kartografischen Tradition.
Claudius Ptolemäus, der seine eigene Ansicht von Afrika vertrat, beeinflusste das Aussehen von Afrikas Landkarten bis in das späte 17 Jahrhundert hinein.
Damit gehört das Universalgenie zu den Männern der Wissenschaftsgeschichte mit den intensivsten Wirkungen und Nachwirkungen über viele Jahrhunderte hinweg.
Er bezog seine Informationen von dem phönizischen Geographen Marinus von Tyros und, wie man annimmt, von Händlern und Militäroffizieren, die ins Landesinnere und entlang des Roten Meeres und der ostafrikanischen Küste gereist waren.
Ptolemäus gab die halbinselförmige Form Afrikas zugunsten einer Osterweiterung des südlichen Teils des Kontinents auf, um eine

Südküste für einen vollständig umschlossenen Indischen Ozean zu bilden.
Eine andere Behauptung des Ptolemäus hatte eine noch längere Lebensdauer. Es war Ptolemäus, der den Nil aus zwei Seen südlich des Äquators entspringen ließ, die weiter südlich von den Bächen der Mondberge gespeist wurden.
Es scheint, dass sich Ptolemäus auf den Bericht von Marius stützte, der um 120 n. Chr. über den griechischen Händler Diogenes geschrieben wurde. Dieser Diogenes soll dem Bericht zufolge angeblich um 50 n. Chr. an der ostafrikanischen Küste bei Rhapta im heutigen Tansania gelandet sein.
Diogenes erfuhr vom Ursprung des Nils in den ostafrikanischen Zwillingsseen, nachdem er etwa 25 Tage lang auf bestehenden Handelsrouten landeinwärts zu „zwei großen Seen und der schneebedeckten Bergkette, wo der Nil entspringt“ gereist war. [7]
Die Seen waren ursprünglich als Paludes Nili bekannt, aber später als Zaire (nördlicher Teil) und Zembere (südlicher Teil) für den westlichen See und Zaflan für den östlichen See benannt, wobei beide aus den „Montes Lunae“ (Berge des Mondes) hervorgingen.
In Westafrika zeigt Ptolemäus Herodots „westafrikanischen Fluss“. Obwohl dies basierend auf dem Text etwas verwirrend ist, scheint Ptolemäus den Fluss in einem „Glocken“-Muster mit einem See, dem Nigritis Palus und dem See Libyae Palus, an beiden Enden des Flusses darzustellen.
Er impliziert, dass der Fluss von Westen nach Osten fließt und in einem See in Westafrika endet, dem „Libyae Palus“.[8]
Man muss zum Verständniss aber immer wieder anmerken, dass wir bei Beschreibungen der Welt zu jener Zeit möglicherweise nicht über Landkarten im heutigen Sinne sprechen, sondern „nur“ über Texte und schriftliche Beschreibungen. Diskusionen dazu sind noch in vollem Gange.
Prof. Ute Schneider schreibt dazu:
„In europäischen Kontexten hat sich später ein gestaffeltes System der Raumwahrnehmung und Repräsentation herausgebildet, das an der bildlichen Umsetzung auf unterschiedliche Typen von Landkarten zum Ausdruck kommt. Der Kleinraum wird dabei aus

einer Mischung aus Verbindungen zwischen Orten (routes) und Punkten (landmarks) ebenso wie aus einer Kombination der Drauf- und Einsicht, wie z.B. bei Stadtplänen organisiert. Ein Beispiel dafür sind Stadtpläne.
Den mittleren Raum organisieren wir mithilfe von Routen, wie im Falle der Straßenkarten, die in der Regel die Verbindung zwischen verschiedenen Orten darstellen.
Den Großraum strukturieren markante Punkte (landmarks) wie Flüsse, Gebirge, Städte und Seen, wie wir sie auf vertrauten Weltkarten finden.Diese Großraumkarten geben einen Überblick, die Orientierung ist eher grob und das Reisen mithilfe dieser Art von Karten (z.B.Weltkarten in modernen Atlanten) eigentlich kaum vorstellbar.
Reale Karten der ersten beiden Kategorien sind seit den ersten Hochkulturen, aus verschiedenen Teilen der Welt, überliefert. Weltkarten, die den Raum geographisch oder heilsgeschichtlich wie mittelalterliche Karten strukturieren, sind dagegen aus der Antike nicht überliefert."
Eine kurze Anmerkung von mir: Ich stieß bei meinen Nachforschungen auf Anaximander von Milet (610-547 v. Chr.). Er soll eine verloren gegangene Weltkarte gezeichnet haben, die nur aus Berichten späterer Autoren rekunstruiert werden kann. Niemand kann somit sagen wie diese Karte ausgesehen hat.[10]
Weiterhin führt Frau Prof. Schneider aus:
„An diese Tatsache, dass erst seit dem Mittelalter Weltkarten überliefert sind, knüpft sich die heftig umstrittene Frage nach der Existenz derartiger Karten in der Antike
Bislang gingen Archäologen, Historiker und Wissenschaftler anderer Disziplinen davon aus, dass es Weltkarten gegeben habe, diese aber deswegen nicht erhalten sind, da das Material die Zeit nicht überdauerte. Ihre Vermutung begründen sie mit den Schriften antiker Autoren wie zum Beispiel Ptolemäus Von ihm ist bekannt das er sich intensiv mit der Konstruktion von Weltkarten auseinandergesetzt hat. Demgegenüber argumentieren inzwischen einige Historiker, dass es gar keine Karten in unserem Sinne gegeben habe, da in der Antike der Raum nicht als abstraktes Kontinuum erfasst und abgebildet

wurde. Deswegen existierten ihrer Meinung nach keine Weltkarten. Ergo sei auch im Mittelalter nicht die Tradition der Kartographie verloren gegangen, sondern vielmehr überhaupt erst an seinem Ausgang eine geographische Welt Repräsentation entwickelt worden. Diese These erfährt gegenwärtig durch die Forschung einige Modifikationen, da Kartenfunde, Analysen und Deutungen ein differenzierteres Bild antiker Geographie und Kartographie erlauben.“[9]
Wir erinnern uns an diese Ausführung wenn wir zu den mittelalterlichen Karten kommen.

Arabischer Einfluss auf Afrikas Landkarten
Große politische und religiöse Umwälzungen prägten das Ende der klassischen Periode in der Geografie im ersten Jahrtausend. Aufgrund des Aufstiegs des Islam in weiten Teilen Nord- und Ostafrikas und der damit einhergehenden kommerziellen und politischen Expansion spielten die Araber eine wichtige Rolle beim besseren Verständnis und der Kartierung Afrikas, insbesondere in Nord- und Westafrika, Ägypten und Ostafrika.
Arabische Händler begannen etwa ab 750 n. Chr. auf der Suche nach Waren, wie Gold, Elfenbein, Sklaven, Tierfellen,Tierhörnern, Dufthölzern, Ambra und anderem, die ostafrikanische Küste entlang zu ziehen. Diese Handelswege ließen auch erste arabische Siedlungen entstehen, die sich oft auf Inseln entlang der Küste befanden und Schutz vor Einheimischen und anderen Händlern boten.
Zu diesen frühen Siedlungen von Nord nach Süd gehörten: Mogadischu, Malinda (Malindi), Mombasa, Pemba Island, Sansibar, Quiloa (Kilwa), Mosambik Island und Sofala.
Hinter Sofala scheint die Expansion der Araber entlang der ostafrikanischen Küste größtenteils gestoppt zu sein, behindert durch die starke Strömung des Agulhasstroms, die mit großer Gewalt von Natal im südlichen Afrika die Ostküste hinauf nach Norden fließt.[1]
Allerdings führt Richard Hall Beweise dafür an, dass sich Araber auch in die Gewässer des südlichen Afrikas gewagt haben. Auf Chibuene, einer Insel, die mehrere Segeltage südlich von Sofala

liegt, wurde eine Siedlung gegründet. Von dort aus handelten die Araber landeinwärts entlang der Täler der Flüsse Sabi und Limpopo.[2]
In jedem Fall aber war Sofala aufgrund seiner Lage der Mittelpunkt der Südostküste, bestens geeignet als Eingangshafen zu den wichtigen Goldminenregionen des Landesinneren um Groß-Simbabwe.
Auf zukünftige Kartographen Afrikas hatte Abu Rayhan al-Biruni, einer der größten arabischen Wissenschaftler und Geographen seiner Zeit, einen bedeutenden Einfluss
Der 973 nach Christi geborene Perser al-Biruni arbeitete in Afghanistan und im Punjab, wo er ein Geographiebuch verfasste, das zum Teil Pläne enthielt, die es den Erbauern von Moscheen ermöglichten, ihre Gebäude genau auf Mekka auszurichten. In seinen weiteren Schriften berechnete al-Biruni den Weltumfang auf 70 Meilen genau von seinem tatsächlichen Umfang.[3]
Ausgehend vom Text des Ptolemäus kritisierte er denselben und lieferte seine eigene Ansicht über Afrikas Form und Größe. Er stellte fest, dass sich Afrika weit nach Süden über die Quelle des Nils hinaus in eine unbekannte Region erstreckte.
Und obwohl er der Meinung war, dass die Südostküste jenseits von Sofala nicht befahrbar war, und erklärte, dass niemand von außerhalb dieses Gebiets jemals zurückgekehrt war, bestand al-Biruni darauf, dass Ptolemäus falsch lag.
Des weiteren behauptete er richtigerweise auch, dass am südlichen Ende Afrikas der Atlantik und der Indische Ozean miteinander verbunden seien und dass das südliche Ende Afrikas nicht an einen großen südlichen Kontinent angrenzte und somit den Indischen Ozean umschließe.[4]

Einfluss der Chinesen auf Afrikas Landkarten

Das chinesische Bewusstsein für Afrika wurde in die chinesische Vorstellung einer auf China konzentrierten Weltanschauung eines einzigen Kontinents integriert. Dieses Bewusstsein entsprang den zunehmenden kommerziellen und intellektuellen Kontakte mit Persern und Arabern im 14. Jahrhundert.
Daraus resultierten eine Reihe von Weltkarten, auf denen Afrika

vorhanden war.
Einige dieser chinesische Karten zeigen eine dreieckige, nach Süden ausgerichtete Form Afrikas, und nicht den nach Osten abfallenden Kontinent europäischer und einiger arabischer Kartographen.
Die Chinesen wussten zu dieser Zeit eindeutig mehr über Afrika als die Europäer.
Die chinesischen Karten zeigen Flüsse, die im Norden durch den Kontinent fließen, und einen großen See in der Mitte Afrikas.
Eine Karte von größter Bedeutung war der "Yü Tù" (Erdatlas) von Chu Ssu-Pen (identisch mit Zhu Siben) aus dem Jahr 1320.
Obwohl diese Karte verloren gegangen ist, wurde der Yü Tù von dem Ming-Gelehrten Lo Hung-hsien (auch Luo Hongxian genannt) 1541 vergrößert, zerlegt und überarbeitet, und dann um 1555 in Form eines Atlas unter dem Titel Guang Yü Tù (Erweiterter Erdatlas) veröffentlicht.
Dies ist die früheste erhaltene Kopie des Werks von Chu Ssu-Pen, obwohl es schwierig ist, festzustellen, inwieweit sich Lo Hung-hsien am Original orientierte.
Unter den Kartenblättern des Lo Hung-hsien-Atlas trägt eines den Titel "Die Länder im südwestlichen Meer" und deckt einen beträchtlichen Teil des Indischen Ozeans und einen Teil Afrikas ab.
Im Inneren des Kontinents sind zwei Flüsse dargestellt, die nach Norden fließen, wobei der eine in ein großes Gewässer mündet und der andere weiter nach Norden führt, aber am Rande der Karte endet.
Der Name des letztgenannten Flusses wurde als „Ha-na-i-ssu-chin“ wiedergegeben, eine mögliche Verballhornung der arabischen Worte „Al-Nil-Azrak“, die den Blauen Nil bedeuten.
Die Insel vor der Ostküste wird „San-pa Nu“ genannt, was offenbar die Quelle der Sklaven von Sansibar bezeichnete.[1]
In der oberen linken Ecke der Karte biegt die Küstenlinie nach Westen ab, was möglicherweise auf die Küste von Guinea hinweist.
Zwischen der Westküste und dem Binnengewässer sieht man ein Gebiet namens "Sang-ku", eine chinesische Transliteration des arabischen Begriffs „Zangue“ oder das Schwarze Volk, möglicherweise die Conco-Region.
Unterhalb des Binnengewässers und südwestlich des in den See

einmündenden Flusses befindet sich ein Name, der "Che-pu-lu-ma" ausgesprochen wird.
Die ersten drei Silben zusammengenommen sind als eine Verballhornung des arabischen Wortes "djebel" zu erkennen, das "Berg oder Berge" bedeutet. Nach Kuei-sheng Chang könnte es sich auf ein erhöhtes Gebiet beziehen, das die Araber „Ma-Berge“ nannten und das dem südafrikanischen Hochland mit den Drakensbergen entspricht.
Das beachtliche Wissen Chinas zu Beginn des 14. Jahrhunderts bezüglich der ostafrikanischen Küste, basierte hauptsächlich auf Handelsverträgen durch arabische Mittelsmänner, wie Kuei-sheng Chang feststellte.
Zwischen 1405 und 1433 unternahmen die Chinesen der Ming Dynastie unter dem Kommando von Admiral Zheng He, dem drei-juwelenbesetzten Eunuchen, eine Reihe gewaltiger kommerzieller und politischer Unternehmungen.
Insgesamt führte Admiral Zheng He sieben riesige Flotten von China über den Indischen Ozean.[2]
Das Ausmaß der Operationen lässt sich anhand einiger quantitativer Angaben zusammenfassen. Die Größe der Besatzung auf den verschiedenen Reisen lag zwischen 27000 und 37000 Mann.
Für die Beförderung von Besatzung und Material wurden einmal 249 und ein anderes Mal sogar 317 Schiffe eingesetzt.
Um allen Eventualitäten gerecht zu werden, bestanden die Flottillen aus fünf großen Schiffstypen, deren Tragfähigkeit und Funktionen aus der folgenden Tabelle ersichtlich sind.[3]
Zur genauen Berechnung muss erwähnt werden das ein Ming Fuß 2% länger als ein englischer Fuß ist.[3]

Typ	Anzahl der Masten	Länge in Chi (chinesischer Fuß)	Breite
Schatzschiff	9	444	180
Horse Ship (Machuan)	8	370	150
Versorgungsschiff	7	280	120
Billet Ship	6	240	94
Kampfschiff	5	180	68

Ein Machuan (Horse Ship) wird auch als "schnelles Schiff" bezeichnet. Es wird für den Transport von Pferden und Gütern eingesetzt und kann im Notfall auch die Flotte steuern und Rettungsarbeiten durchführen.[4]
„Bilett Ships“ bieten Quartier für die mitreisenden Personen, die nicht als Mannschaft auf den anderen Schiffstypen gebraucht werden.
Die Abmessungen der Schatzschiffe sind kein Zufall. Die Zahl "4" hat numerologische Bedeutung als Symbol für die 4 Himmelsrichtungen, die 4 Jahreszeiten und die 4 Tugenden. Die Zahl 4 war eine glückverheißende Assoziation für Schatzschiffe.
1597, mehr als anderthalb Jahrhunderte nach den Reisen von Zheng He, wurden diese Abmessungen erstmals in einem Roman erwähnt. In den zeitgenössischen Berichten über Zheng He's Reisen fehlen die Schiffsmaße.[5]
Die riesigen Schatzschiffe, die in der Literatur als „Star Rafts“ bezeichnet werden, waren damit um ein vielfaches größer als die portugiesischen Karavellen, die etwa 100 Jahre später im Indischen Ozean auftauchten.
Diese Expeditionen verwendeten auch die modernste Navigationstechnologie wie den von den Chinesen erfundenen Kompass und das Heckpfostenruder, um die immense Zahl an Soldaten, Funktionären, Handwerkern und Handelsvertretern des

Kaisers zu transportieren.
Die frühen Reisen der Chinesen endeten zunächst bereits an den südindischen Küsten von Malabar und Coromandel.
Die vierte Reise in den Jahren 1413–1415 aber führte danach nach Hormuz und in Gebiete im Indischen Ozean.
Spätere Reisen, einschließlich der fünften Reise in den Jahren 1417-1419, besuchten die „westlichen Regionen“ einschließlich Hormuz, Aden und Mogadischu an der Nordostküste Afrikas und führten möglicherweise bis nach Malindi im Süden.
Während dieser fünften Reise entdeckten die Chinesen auch die afrikanische Tierwelt wie Giraffen, Löwen, Leoparden, Kamele und Strauße.[6]
Denn Josh Dougherty schreibt, dass nach dieser fünften Reise hohe Beamte der Flotte Geschenke vom Ming-Hof erhielten, darunter Löwen, Giraffen, Leoparden, Kamele, Zebras, Nashörner, Strauße und andere exotische Tiere.[7]
Die sechste Reise (1421 – 14 22) ging ebenfalls an die ostafrikanische Küste, während die siebte Reise (1431 – 1433) angeblich bis nach Mombasa und Malindi im Süden reichte.
Trotz ihrer überwältigenden Streitkräfte ist es interessant festzustellen, dass die Chinesen nicht als Eroberer kamen, sondern einfach nur, um Handel zu treiben und ihren Einfluss auszudehnen. Im Gegensatz zu den Portugiesen, die 70 Jahre später den Kontinent beherrschten, zogen sich die Chinesen wieder nach China zurück.
Vieles, was sich auf diesen chinesischen Reisen ereignete, ist im Yingyai Shenglan (Triumphische Vision der Küste der Ozeane) von Ma Huan, einem Chronisten, der mit Zheng He auf mehrere Expeditionen ging, dokumentiert.
Ohne dieses Buch hätte ein Großteil der Geschichte dieser Reisen nur auf fragmentarischen Schriften basiert, da die meisten Aufzeichnungen verloren gingen.[8]
Ein weiterer Chronist, der diese Reisen beschrieb, war Fei Xin, der eine Abhandlung, „Thriumphant Tour of the Star Raft“, über seine Erfahrungen schrieb. Obwohl er nicht wirklich an die ostafrikanische Küste reiste, erhielt er Informationen von anderen chinesischen Reisenden, die dies taten.[9]

Der mittelalterliche Blick auf Afrika

Während die Araber und Chinesen im Mittelalter ein tieferes Verständnis von Afrika entwickelten, ging gleichzeitig das europäische Wissen über Afrika immer mehr verloren,

Die meisten europäischen Gelehrten der damaligen Zeit glaubten zwar, dass die Erde die Form einer Kugel habe, ihre Karten wurden jedoch oft symbolisch unter Verwendung christlicher Theologie in verschiedenen Formen dargestellt. Das reichte von den einfachen Diagrammen, wie sie in den zahlreichen „T-O"-Karten der Zeit zum Ausdruck kamen, bis hin zu den ausgefeilteren Mappae mundi.[1]

Den Begriff der Mappae mundi erklärt der Zeichner der berühmten Epstorfer Weltkarte dem Betrachter folgendermaßen: „Mappa heißt Abbild, daher Mappa mundi soviel wie Abbild der Welt (Mappae mundi im Plural)".

„Was nützt uns jegliche Erkenntnis der Erde, wenn wir dadurch in unserem Glauben nicht weiterkommen?" notierte der byzantinische Mönch und Kosmograph Kosmas Indizopleustes im 6. Jahrhundert in seiner „Christlichen Topographie". Ein für unser rationales Denken schwer fassbarer Satz, den natürlich auch die alexandrinischen Gelehrten des Altertums als absurd empfunden hätten. Ihrer Auffassung nach entsprach die Erfüllung der Daseinserwartung im Diesseits der Verpflichtung zur Erforschung der Welt.

Anders dagegen der Mensch im Mittelalter. Er wendet auch als Forschender den Sinn dem Jenseits zu und sieht in der Erde nur das unvollkommene Abbild jener anderen Welt, die erst am jüngsten Tage zum Diesseits des Gläubigen wird.

Deswegen legt die Kartographie des Mittelalters kaum Wert auf die reale Wiedergabe der Umrisse von Ländern und Meeren, sondern sie ist der immer erneute Versuch, durch Abstraktion dem Mysterium der Weltidee auf die Spur zu kommen." [2]

Bei Betz lesen wir: „Die mittelalterlichen „Landkarten" wollen nicht mehr der Orientierung dienen, sie sind nur noch Sinnbilder des Erdkreises".[3]

Orte werden nicht aufgrund ihrer geographische Lage auf der Karte platziert. Es ist vielmehr ihre Bedeutung im Kontext von Universal- und Heilsgeschichte, die über ihre Position auf der Karte entscheidet.

Anna-Dorothee von den Brincken (eine der besten Kennerinnen mittelalterlicher Kartographie im deutschsprachigem Raum) spricht deshalb auch von einem „Geschichtsgemälde“, das „Weltgeschichte vom Anfang der Zeiten auf eine Kartenfläche“ bringt“.[2]
David Woodward entwickelte ein nützliches, detailliertes Klassifizierungssystem für frühmittelalterliche Mappae mundi, indem er diese Karten in vier Gruppen einteilte: dreiteilig (die T-O-Karte), vierteilig, zonale und Übergangskarten.[4]
Die dreiteilige Karte, oft auch „T-O-Karte“, genannt, zeigt die Meere, die die Länder in Form eines „T“ innerhalb eines umlaufenden „O“-Ozeans halbieren. Man findet sie in zahlreichen Manuskripten aus dem frühen Mittelalter und später dann auch in frühen gedruckten Büchern.[5]
Die Buchstaben T-O stehen für den Erdkreis (orbis terrarum).
In der christlichen Kartographie, dieser Kartentypus findet sich auch im islamischen Bereich, wurde auch häufig der Buchstabe O als Erdkreis und das T als Symbol für Christus interpretiert.
Die Welt in dieser Art von Karten wurde im Allgemeinen als kreisförmig dargestellt, mit Osten oben an der Spitze, was den angeblichen Ort des Gartens Eden bedeutet. Den Mittelpunkt der Welt nahm Jerusalem ein.
Asien bedeckt die obere Hälfte des Kreises, Europa findet sich im unteren linken Viertel. Das untere rechte Viertel zeigt Afrika. Diese beiden Viertel sind durch das Mittelmeer getrennt.
Zahlreiche Mappae mundi bezeichnen die Kontinente auch mit den Namen Sem (Asien), Japhet (Europa) und Cham (Afrika). Dies sind die Namen der drei Söhne Noahs, die als Urväter der Besiedlung der damals bekannten Kontinente gelten.[6]
Kartografische Details fehlen bei diesen Karten im Allgemeinen.
Eine erweiterte Variante der dreiteiligen Karte war die vierteilige Karte, die ein „T-O-Design“ mit einem zusätzlichen Land am südlichen Ende, der Antipode, zeigte.
Des weiteren erschienen auch Zonen- oder Klimakarten die die Werke von dÀilly, Macrobius und anderen illustrierten.
Diese Karten spiegelten den griechischen Glauben wider, dass die Welt in fünf Klimazonen unterteilt sei. Sie waren unterteilt in kalte

Zonen oben und unten, einer heiße Zone am Äquator und bewohnbaren gemäßigten Zonen dazwischen.
Ausgefeiltere „Übergangs-Mappae mundi“ hatten ebenfalls ein kreisförmiges Design mit Jerusalem in der Mitte und Osten an der Spitze.
Im Gegensatz zu den einfacheren „T-O-Karten“ hatten viele dieser spätmittelalterlichen „Mappae mundi“ eine Grundlage im zeitgenössischen Reisen sowie im orthodoxen christlichen Glauben.
Es werden beispielsweise auf der Epstorfer Weltkarte, biblische Ereignisse dargestellt, wie den Turmbau zu Babel oder die Arche Noah auf dem Berg Ararat.
Diese „Mappae mundi“ kombinierten Tatsachenberichte von Reisenden wie Marco Polo, christlichen Mönchen und anderen, mit legendären Fabeln von Monstern und anderen Wundern, ebenso wie mit fiktiven Reisegeschichten von Leuten wie Sir Mandeville.
Marco Polo (im Dienst des Khans von 1275 – 1292) hat Afrika zwar nie besucht, aber er hat einiges über den Kontinent geschrieben.
Er beginnt seine Darstellung Afrikas, indem er die Sokotra-Inseln am Eingang zum Roten Meer genau beschreibt, obwohl er sich über ihre Position südlich der Arabischen Halbinsel im Unklaren war. Er schildert auch einige Details von Madagaskar und nennt es zum ersten Mal.
Diese Informationen erhielt er wahrscheinlich von arabischen oder indischen Seeleuten bei seiner Rückkehr aus China, obwohl er fälschlicherweise angibt, dass Madagaskar mit einem Umfang von etwa 4000 Meilen eine der größten Inseln der Welt wäre. Damit macht er die Insel um 2000 Meilen größer als sie tatsächlich ist.
Er fügt weitere Informationen zur ostafrikanischen Küste hinzu, darunter Sansibar und Mogadischu am Horn von Afrika.
Seine Beschreibung der Insel Sansibar erscheint verwirrend, da sie die Insel mit der gesamten Region Zanj (der arabische Name für die ostafrikanische Küste) zusammenfasst. Sein Bericht endet mit einer Beschreibung von Abessinien (oder Mittelindien, wie es den damaligen Europäern bekannt war) und den Kämpfen der abessinischen Christen mit den Moslems.
Zusammenfassend kann man folgendes sagen:

Das Mittelalter bleibt kartografisch gesehen eine dunkle Zeit ohne bemerkenswerte Fortschritte, falls man die Entstehung der Weltkarten in die Antike legt und dieser Sichtweise Glauben schenkt. Folgt man dagegen der These das es gar keine Weltkarten in der Antike gab, sieht man die mittelalterlichen Karten mit ganz anderen Augen.
Leider kann ich keine schlüssige Antwort auf die eine oder andere These geben. Wir müssen im Moment mit beiden Annahmen leben. Was aber aus der Zeit der mittelalterlichen Karten definitiv blieb, ist der Name eines Meeres, den uns die T-O Karten bescherten und der noch immer gegenwärtig ist: das Mittelmeer.[7]

Portolankarten

Mit den Portolankarten begann die europäische Renaissance der wissenschaftlichen Kartierung.
Es ist schwer, ein eindeutiges Datum für das erstmalige erscheinen dieses Kartentypus auszumachen. Obwohl oft die Zeit um 1200 genannt wird, ist die Diskussion dazu noch in vollem Gange. Das Zentrum der Portolankarten Herstellung war die Balearen Insel Mallorca, wobei auch dazu noch Diskussionen geführt werden.[1]
Zu dieser Zeit entwickelte sich das Mittelalter von der symbolhaften Radkarte weg und der ptolemäischen Geographie zu.[2]
Ein berühmtes Kartenwerk, das auf Mallorca hergestellt wurde, ist der Katalanische Weltatlas, der in der Werkstatt des jüdischen Buchmalers Abraham Cresques und seines Sohnes Jefuda hergestellt wurde. Obwohl noch zahlreiche Merkmale der Mappae mundi vorhanden sind, ist sie im Stile der Portolankarten gearbeitet.[3]
Der Begriff Portolan, auch *Portulan* (lateinisch *portus* „Hafen“) genannt, bezeichnete ursprünglich ein Buch
mit nautischen Informationen wie Landmarken, Leuchttürmen, Strömungen und Hafenverhältnissen.
Im 19. Jahrhundert begannen dann aber Gelehrte, alle alten Seekarten mit dem Begriff „Portolan“ zu bezeichnen.
In der zweiten Hälfte des 20. Jahrhunderts beschränken Spezialisten den Begriff „Portolan“ dann wieder auf den Text und sprechen bei Seekarten eines bestimmten Typs von „Portolankarten“.

Die erste dokumentierte Erwähnung der Existenz einer Portolankarte an Bord eines Schiffes war ein Hinweis auf die Verwendung einer Seekarte auf einem Genueser Schiff, das 1270 den französischen König Ludwig IX von Aigues Mortes nach Tunis beförderte.[4]
Diese Seekarten wurden erstellt, um den praktischen Bedürfnissen der Segler im Mittelmeer gerecht zu werden. Die älteste noch erhaltene Karte dieser Art ist die Pisaner Karte.
Portolane basierten auf aktuellem Wissen aus erster Hand, das von Seereisen stammte, und zeigten eine Fülle von Informationen zu Ortsnamen und anderen geografischen Daten.
Während der Herkunftsort der Portolane noch einigen Vermutungen unterliegt, ist allgemein anerkannt, dass die katalanische Insel Mallorca mit ihrer zentralen Lage im westlichen Mittelmeer und ihrer regen Schifffahrt ein Hauptproduktionszentrum während des späten Mittelalters bis zur frühen Renaissance war.[5]
Portolan-Diagramme hatten eine Reihe von Besonderheiten. Die Namen der Häfen wurden normalerweise senkrecht entlang der Küste eingeschrieben. Von der Küste landeinwärts erschienen keine geografischen Informationen.
Das augenfälligste Merkmal der Portulankarten aber sind die sogenannten „Rumbenlinien“, ein Netzwerk von Geraden, welche die Karten ausgehend von einem oder mehreren zentralen Punkten überziehen und einander kreuzen. Von diesen Knotenpunkten ausgehend konnte der Navigator Kurse legen. Später wurden diese Punkte nicht nur immer auffallender etwa mit Kompassrosen verziert, man begann auch die „Rumbenlinien“ je nach Windrichtung farblich zu kodieren. Sie verliefen über das gesamte Blatt, dessen Ränder ohne Verzierungen blieben. Auch Kartentitel waren unüblich.[6]
Als sich die Portolane im Laufe der Zeit weiterentwickelten, wurden immer mehr dekorative Elemente hinzugefügt.
Die meisten Portolane, die überlebt haben, sind mallorquinischen oder italienischen Ursprungs.[7]
Ob die aus dem Altertum erhaltenen nautischen Dokumente und Küstenbeschreibungen, die Periploi (Periplus im Singular.) die Vorläufer der Portolane waren, und ob die Seeleute darauf aufgebaut

haben, ist ungeklärt, aber eher unwahrscheinlich. Trotzdem sollten wir einen kurzen Blick darauf werfen.
Bereits im 6. Jahrhundert wurde das berühmte Periplus des Skylax (von Karyanda?) verfasst (andere klassische Quellen datieren auf einen anderen Skylax im 4. Jahrhundert). Er war vom persischen König Darius I beauftragt worden, die Küsten des Eritreischen Meeres bis nach Indien zu erforschen. Auch dem karthagischen Seefahrer Hannon wird nach seiner Reise zur Westküste Afrikas im später 5. Jahrhundert vor Chr. ein solcher Periplus zugeschrieben.
Etwas Besonderes ist die Handelsroutenbeschreibung Periplus Maris Erythraei (ein Handbuch für den Waren Import-und Export von Ostafrika nach Indien), verfasst in griechischer Sprache von einem Seefahrer aus Alexandria Mitte des 1. Jahrhundert nach Chr.
Dieses ägyptisch. römische Werk zum Thema Seefahrt ist thematisch innerhalb der gesamten überlieferten antiken Welt ein Unikat. Eine Abschrift aus dem 10. Jahrhundert wird seit 1816 in der Universitätsbibliothek Heidelberg aufbewahrt.
Die Periploi bestanden wahrscheinlich aus einer Aufzählung markanter Punkte, nach denen man sich auf einer bestimmten Strecke orientieren konnte. Hinzu kamen Kommentare zu möglichen Gefahren, Zeiten der Überfahrten, Hinweise auf Häfen oder Buchten mit natürlichem Schutz und Möglichkeiten zur Verproviantierung.
Die Periploi enthielten aber offenbar weder Übersichts- noch Detailkarten.[8]
Wie bereits erwähnt, besteht die Möglichkeit das die Periploi die Grundlage zur Entwicklung der Portolane gewesen sein könnten.
Aber selbst wenn es so sein sollte, ist das Erscheinen der Portolane mysteriös.
Immerhin tauchten sie nach einem völlig unproduktiven Jahrtausend quasi aus dem Nichts auf.
Es gab keinerlei Vorläufer.
Basieren diese Karten auf einer logischen Weiterentwicklung Jahrtausend alter Dokumente oder kamen sie tatsächlich ex nihilo, aus dem Nichts?
Die lange Ruhepause lässt eher auf die zweite Annahme schließen.
Aber trotzdem muss man zu dem Schluss kommen, das die

Entstehung der Portolane nachzuvollziehen unmöglich ist. Man kann nur mutmaßen.
Dazu passt auch die Aussage von Ibn Maijd, dem Navigator der Vasco da Gama 1498 nach Calicut führte. Er behauptet das Portolane bereits im 11 Jahrhundert existierten und er persönlich eine auf das Jahr 1184 datierte Karte gesehen habe, die exakt die Küsten des Indischen Ozeans beschreibt.[8]

Die Kartierung Afrikas in der frühen europäischen Renaissance anhand Fra Mauros Weltkarte

Eine sehr bemerkenswerte Karte aus dieser Zeit ist die Weltkarte von Fra Mauro.
Dieser kamaldulenser Mönch von der Insel Murano bei Venedig, wurde von König Afonso V. von Portugal beauftragt, eine Weltkarte mit den neuesten Entdeckungen zu erstellen. Daran arbeitete er von 1457 bis 1459 mit Unterstützung von Andrea Bianco, einem anderen venezianischen Kartographen.
Die Originalkarte wurde nach Portugal geschickt und ging verloren. Die noch vorhandene Karte ist ein Duplikat dieser Ursprungskarte, das etwa zur gleichen Zeit wie das Originals von Bianco in Venedig und dem Buchmaler Francesco de Cherso angefertigt wurde (Mauro starb1460).[1]
Was diese große kreisförmige Karte so wichtig macht, ist die Fülle an geografischen Informationen, die bei ihrer Erstellung verwendet wurden.
Zudem war Fra Mauro bereit, die Fehler von Ptolemäus zu korrigieren, wenn Portugiesen oder andere „Portolaner“ oder zuverlässige Berichte von Reisenden Ptolemäus widerlegten.[2]
Offensichtlich hatte Fra Mauro Zugang zu umfangreichen kartografischen Informationen.
Die wahrscheinlich wichtigste Änderung, die auf der Karte in Bezug auf Afrika findet, ist seine Darstellung des südlichen Endes Afrikas in Form einer Halbinsel, wenn auch nach Osten geneigt. Afrika hat aber auf Frau Mauros Karte keineVerbindung mit dem großen südlichen Kontinent von Ptolemäus, um einen Landumschlossenen Indischen Ozean zu bilden.[3]

Obwohl die Portugiesen zu dieser Zeit, 1457 – 1459, die Westküste noch nicht in nennenswertem Umfang erforscht hatten, lohnt es sich zu spekulieren, dass diese Darstellung keine mutmaßliche Vermutung seitens Fra Mauros war.
Fra Mauro stand Ptolemäus oft ehrerbietig gegenüber. Nichtsdestotrotz bevorzugte er eher eine „moderne" Sichtweise Afrikas, die auf historisch gewonnenem, also empirischem Wissen beruhte, als sich allein auf die Tradition zu verlassen.[4]
Er scheint Zugang zu umfangreichen arabischen Quellen gehabt zu haben und identifiziert in Ostafrika beispielsweise Maabase als die arabische Siedlung in Mombasa und Sofala und Xegiba als Sansibar. Für die Geographie Abessiniens konnte Fra Mauro wahrscheinlich auf die Berichte der verschiedenen Delegationen der koptischen Kirche aus Abessinien, die nach Italien und zum Papst in Rom reisten, zurückgreifen. Weiterhin bezog er weiter Informationen aus möglichen direkten Gesprächen mit diesen Delegationen. Deshalb war er in der Lage, eine ziemlich genaue Ansicht dieser Region zu konstruieren. Er zeigt den Austritt des Blauen Nils aus dem Tanasee mit seinen charakteristischen Süd-, West- und Nordwindungen erstmals auf einer Karte.[3]
Leider zeigt er ihn auch als Quellgebiet des ägyptischen Weißen Nils. Die beiden Ptolemäus-Seen erscheinen zusammen mit dem Tana-See als drei kleine Seen im abessinischen Hochland.[5]

Beginn der europäische Erkundung Afrikas

Es wird allgemein angenommen, dass die erste Phase der europäischen Expansion mit der Eroberung von Ceuta in Nordafrika durch die Portugiesen im Jahr 1415 begann.
Die Eroberung Ceutas setzte ein Zeichen für eine Expansion über traditionelle Grenzen hinaus.
Diese erste Phase der Erforschung wurde durch die Weltumrundung durch das spanische Schiff Victoria in den Jahren 1519 gekrönt.
Bei der Eroberung des Atlantiks hatten die Portugiesen zwar ihre Vorgänger, aber diese Entdecker hinterließen wenig Aufzeichnungen über ihre Reisen und hatten deshalb keinen bleibenden Einfluss auf die Weltgeschichte.

Ein Hauptmotivation für dieses von den Portugiesen initiierte „Zeitalter der Entdeckung“ gibt es wahrscheinlich nicht. Man kann sich eher eine Kombination aus religiösen, wirtschaftlichen, strategischen und politischen Faktoren für diese Entdeckungsreisen vorstellen.
Ein wichtiger Faktor warum gerade die Portugiesen diese Entdeckungen initiierten ist, dass Portugal während des gesamten 15. Jahrhunderts ein geeintes Land war, während der größte Teil des restlichen Europas entweder Krieg oder interne Umwälzungen durchmachte.[1]
Die Portugiesen sind in chronologischer Reihenfolge von folgenden Motiven inspiriert worden stellt C.R. Boxer fest:
(1) Kreuzzug, missionierender christlicher Eifer;
(2) der Wunsch nach Gold von Guinea bis südlich der Sahara;
(3) die Suche nach Priesterkönig Johannes
(4) die Suche nach Gewürzen.[2]
Der Kreuzzuggeist zur Verbreitung des Christentums wurde durch die Suche nach dem legendären Priesterkönig Johannes gestärkt. Im späten Mittelalter gelangte von jemanden ein Brief zu dem byzantinischen Patriarchen, der vorgab, ein wichtiger christlicher König namens Priesterkönig Johannes aus dem Osten zu sein. Jahrhundertelang suchten die Europäer nach Erhalt dieses fiktiven Briefes nach dem Königreich des Priesterkönigs Johannes. Es handelte sich, wie man heute weiß, um eine Fälschung, deren tatsächlicher Autor unbekannt ist.
Der Brief erzählt detailliert über das sagenhafte Land in dem neben Elefanten, Kamelen und Dromedaren auch Vampire, gehörnte Menschen, Faune, Satyre, Pygmäen, Hundsköpfige, Giganten, Zyklopen, Einäugige und der Vogel Phönix leben sollten.
Für Europäer lebte Priesterkönig Johannes in „Indies“, einem etwas vagen Begriff, der zu verschiedenen Zeiten Oberasien (Osten), Mittelasien (Indien) und schließlich Unterindien (Abessinien) umfasste. Impliziert in die Suche nach dem Priesterkönig Johannes war die Hoffnung, dass er durch das Finden und Herstellen von Verbindungen ein Verbündeter werden könnte und seine riesige Armee sich den Europäern anschließen würde, um das Heilige Land

vor den islamischen Sarazenen und ganz Europa vor den Mongolen zu schützen.
In den späten 1400er und frühen 1500er Jahren suchten die Portugiesen vergeblich nach dem Königreich des Priesterkönig Johannes in Ostafrika, obwohl sie schließlich ein christliches Königreich in Abessinien fanden.
Ab 1402 erreichten gelegentlich abessinische christliche koptische Mönche und Gesandte Europa, insbesondere Rom, und mindestens einer von ihnen unternahm 1452 die Reise nach Lissabon. Die Europäer hatten jedoch weiterhin ein eher vages Verständnis von Abessinien.
Die frühere Eroberung von Ceuta gab den Portugiesen Informationen über die Länder des oberen Niger und Senegal im Süden, da Ceuta der nördliche Punkt für den Trans-Sahara-Goldhandel war. Diese Informationen gaben den Portugiesen den Anstoß zu dem Versuch, die „Barbaren-Vermittler“ im Handel mit den Menschen südlich der Sahara zu umgehen, indem sie die Küste hinunter segelten.Als die portugiesischen Entdeckungsreisen auf der Suche nach Gold und Handelsgütern langsam die westafrikanische Küste entlang vorrückten, gewann auch der Erwerb von Sklaven an Bedeutung. Erst nach dem Tod von Prinz Heinrich im Jahr 1460 schien auch die Suche nach Gewürzen schließlich wichtiger zu werden.[3]

Die portugiesischen Entdeckungsreisen

Obwohl die Portugiesen bereits um 1420 mit der europäischen Entdeckung (oder möglichen Wiederentdeckung) Madeiras einen ersten Erfolg hatten, begannen die Entdeckungsreisen entlang der Küste Afrikas ernsthaft erst im Jahr 1434.
In diesem Jahr umrundete eine portugiesische „Barcha“, ein Fischerboot mit einem großen Segel und einem Rahsegel, das eine Besatzung von etwa 14 Personen erforderte und von Gil Eanes geleitet wurde, zum ersten Mal Kap Bojador in Westafrika. Aufgrund starker Winde und Strömungen war dies bereits der fünfzehnte portugiesische Versuch über einen Zeitraum von zwölf Jahren. Bis zu diesem Zeitpunkt war die bekannte Welt an der

Westküste Afrikas das Kap Non (200 Meilen nördlich von Kap Bojador) und etwas abseits davon die Kanarischen Inseln.
Kap Bojador war so etwas wie eine psychologische Barriere.
Die Navigation im „Mar Tenebroso“ (Meer der Dunkelheit) im Süden wurde als zu schwierig angesehen.
Einen Übergangspunkt für eine Welt, die zuvor durch die begrenzten Möglichkeiten einer ptolemäischen Weltanschauung eingeschränkt war, markierte erst die Überwindung dieser Barriere
Als diese Hürde überschritten war, wurde die ptolemäisch eingeschränkte alten Weltsicht zu einer neuen Welt mit bisher ungeahnten zukünftigen Möglichkeiten.
Da die Portugiesen südlich von Kap Bojador zunächst nur eine öde Küste vorfanden, wurde die alte geografische Vorstellung einer unbewohnbaren heißen Zone im Süden erst einmal verstärkt.
Doch als Dinis Dias 1444 Kap Verde erreichte und Nuno Tristao das Land südlich des Senegalflusses, die Terra dos Negros (Guinea), entdeckte, wussten die Portugiesen, dass sie eine für sie neue Welt entdeckt hatten.
Der Venezianer Alvis da Ca da Mosto, 1456 im Dienste des portugiesischen Königs, sagte dazu passend: „In der Tat, wenn man die Orte, die ich gesehen und kennengelernt habe, mit denen von uns vergleicht, könnte man durchaus sagen, eine andere Welt“.[1]
Ein reger Handel gewährleisteten geschätzt etwa 25 Karavellen pro Jahr, die an diesem Unternehmen beteiligt waren.
Ab 1441 wurden für diese Reisen hauptsächlich Karavellen verwendet, die die kleineren Barchas und Barinels ersetzten.
Die Karavellen basierten möglicherweise auf ähnlichen Schiffen, die von den Arabern entworfen wurden. Sie hatten zwei oder drei Masten mit lateinischen Segeln, einen Aufbau am Heck und eine schlanke Form, die für das Segeln in den Küstengewässern Afrikas nützlich war. Die Karavelle wurde bis ins 16. Jahrhundert eingesetzt, danach nahmen größere Schiffe zunehmend ihren Platz bei den Überseereisen ein.[2]
Ab 1445 (Zeitpunkt an dem der erste Handelsposten (feitoria) auf der Insel Arguim (dem heutigen Mauretanien zugehörig) gegründet

wurde) setzten sich die Entdeckungsreisen entlang der Küste durch zahlreiche Expeditionen fort.
Der wichtigste Handelsposten mit einem Fort an der Westafrikanischen Küste wurde etwas später an der Gold Küste Guineas, in der Nähe von Cape Coast, unter dem Kommando von Diogo de Azambuja gegründet und Jorge da Mina (oder auch „El Mina“) genannt.[4]
Es diente den portugiesischen Handelsinteressen lange Zeit als Stützpunkt für die Gebiete an der Küste Guineas, die Elfenbeinküste, Goldküste, Sklavenküste und Malagueta umfassten, wobei Malagueta nicht gleichbedeutend mit der Malagueta Küste ist. Die Malagueta-Küste wurde erst nach dem Tod Heinrichs des Seefahrers im Jahr 1460 entdeckt.[3]
Ein kleines Detail zu El Mina und dessen Gründung sei noch erwähnt. Zu den Teilnehmern der Azambuja-Reise gehörte auch Christoph Kolumbus, der 1476 in Portugal angekommen war.
Es folgte eine Reihe von Entdeckungsreisen, zu denen Diego Cao von König Joao II. beauftragt wurde und die sich am Kongo vorbei bis nach Südwestafrika wagten.
Auf seiner ersten Reise 1482-1484 gelangte Cao bis zum Kap Santa Maria am Monte Negro, etwa 13 Grad südlich.
Als er dort im August 1483 einen „Padrao“[5] aufstellte, nannte er den Ort Santo Agostinho.[4]
Als „Padrao“ wird eine in Stein gehauene, mit einer Inschrift versehenen, Stele bezeichnet.
Während dieser ersten Reise entdeckte Cao den Kongo-Fluss.
Joao de Barros schrieb in „Decadas da Asia“, Cao habe einen sehr großen Fluss gefunden, der etwa zwanzig Meilen vom Festland entfernt mit Süßwasser in den Ozean mündet.
Cao nannte den Fluss Rio Poderoso, der später als Zaire und dann als Kongo-Fluss bekannt wurde.
Bis Januar 1486, auf seiner zweiten Reise, hatte Cao anscheinend Ponta dos Farallhoes (Walvis Bay) bei 22 Grad 10 Sud an der Südwestküste knapp über dem Wendekreis des Steinbocks erreicht, aber der Seeweg nach Osten lag immer noch geheimnisvoll vor ihm.[6]

Ponta dos Faralhoes ist auf der Martellus-Weltkarte mit einem interessanten Vermerk gekennzeichnet, der mit der Formulierung endet: "hic moritur". Dies könnte sich zwar auf Caos Tod beziehen, aber wahrscheinlich ist damit das Ende seiner Reise gemeint.[7]
Zu diesem Zeitpunkt waren die Portugiesen bereits davon überzeugt, dass der Weg nach Osten um Afrika herum für sie offen war.
Im Dezember 1485 erklärte der portugiesische Gesandte Vasco Fernandes de Lucena in einer Rede an den Papst, dass die Eröffnung des Seewegs nach Indien eine Gewissheit sei und dass portugiesische Schiffe in naher Zukunft in den Indischen Ozean einlaufen würden, indem sie am „Promontorio Prasso“ an der Südostküste Afrikas vorbei segeln würden.[8]
Promontorio Prasso (eine Landzunge an der Ostküste Afrikas (Mosambik)) war entgegen der Realität in der Geographie des Ptolemäus der südlichste Punkt der Welt, von einigen auch als Cabo das Correntes, von anderen als Cabo Delgado bezeichnet.
Fast unmittelbar nach Caos Rückkehr begannen die Vorbereitungen für eine neue Expedition weiter nach Süden, um den Seeweg zu finden. Die mit dieser Aufgabe beauftragte Person war Bartolomeus Dias, der den Tejo im August 1487 als Kommandeur von zwei Karavellen und einem Versorgungsschiff verließ.
Ende des Jahres 1487 lies Dias sein Versorgungsschiff in Angra das Voltas (Lüderitz-Bucht in Namibia) zurück und überschritt den weitesten Punkt den Cao vorher bereits erreicht hatte.
Anfang 1488 wurden die Schiffe von Dias auf ihrem Weg in unbekannte Gewässer weiter nach Süden und nach Osten getrieben. Sie verfehlten das Kap der Guten Hoffnung völlig und sichteten schließlich Land im Osten an einem Fluss, den sie nach den Rindern, die sie im Fluss beobachteten, Dos Vaqueiros nannten. Da sie nicht landen konnten, segelten die Schiffe weiter nach Osten und am 3. Februar 1488 gingen sie in Sao Bras, dem heutigen Mossel Bay in Südafrika an Land.
Als Dias erkannte, dass sich das Land vor ihm in östlicher Richtung ausbreitete, fuhr er weiter zur Baia da Lagoa (Algoa-Bucht in der Nähe des heutigen Port Elizabeth), wo er ein Holzkreuz aufstellte. Er segelte noch mehrere Tage in nordöstlicher Richtung zu einem

Punkt, der nach Joao Infante, dem Kapitän des Schiffes Pantaleao und gleichzeitig ersten Menschen, der an Land ging, Rio de Infante genannt wurde. Dieser Punkt war möglicherweise der heutige Great Fish River oder auch der Keiskama-River. Darüber scheinen sich die Experten noch nicht einig zu sein.

Von hier aus segelte Dias einige Tage weiter und erreichte den Eingang zum Indischen Ozean, wurde aber von seiner meuternden Mannschaft, die wahrscheinlich krank und knapp an Proviant war, zur Umkehr gezwungen.

Zeitgleich mit der Reise von Dias schickte Joao II. am 7. Mai 1487 Alfonso de Paiva und Pero da Covilha auf dem Landweg über Kairo, um Informationen über den Seeweg nach Indien und die Segelbedingungen im Indischen Ozean zu erhalten und um die Ostküste Afrikas einschließlich des Königreichs von Priesterkönig Johannes besser kennenzulernen.

Nachdem sie vereinbart hatten, sich in Kairo wieder zu treffen, trennten sich Paiva und Covilha. Paiva reiste nach Abessinien, wo er unterwegs starb. Covilha hingegen reiste zur Ostküste.

Ende 1489 befand sich Covilha an der ostafrikanischen Küste und reiste bis nach Sofala.

Danach kehrte Covilha nach Kairo zurück, wo er sich mit zwei Vertretern des portugiesischen Königs traf.

Nachdem Covilha ihnen einen schriftlichen Bericht über seine Reisen gegeben hatte, wurde er beauftragt, Paivas Reise nach Abessinien zu beenden. Als er 1491 in Abessinien ankam, wurde Covilha willkommen geheißen, durfte aber aus unbekannten Gründen das Land nicht mehr verlassen. Er starb schließlich in Abessinien.[9]

Zu diesem Zeitpunkt gab es eine Verzögerung von fast neun Jahren bei der Verfolgung des Seeweges nach Indien. Von 1488, als Dias nach Portugal zurückkehrte, bis 1497, als Vasco da Gama abreiste, wurden keine weiteren Expeditionen unternommen.

Dafür gab es mehrere Gründe.

Es gab ablenkende Ereignisse in Ceuta und Nordafrika, die Portugal veranlassten vordringlich ein Augenmerk darauf zu richten. Auch der Tod des Erben von König Joao und danach der Tod von König Joao

selbst sind als Gründe für die Unterbrechung der Entdeckungen zu nennen. Dazu kam die enorme Belastung, die der kleinen Wirtschaft und der Bevölkerung Portugals durch die Erkundungsreisen auferlegt wurde. Und zu guter Letzt die Störung, die durch Kolumbus‘ erste Reise verursacht wurde und die den anschließenden Vertrag von Tordesillas (1494) zur Folge hatte, der die Aufteilung der neuen Entdeckungen in separate Einflusssphären festlegte.
All diese Gründe haben ihre Berechtigung. Boxer stellt darüber hinaus noch eine weitere interessante Theorie auf. Es ist bekannt, dass Dias einige Informationen über die vorherrschenden Windmuster an der Westküste Afrikas mitbrachte. Er fand kreisförmige Windmuster im Uhrzeigersinn mit einem Südwind entlang der Küste für die Region südlich des Äquators, aber auch Windmuster gegen den Uhrzeigersinn nach Norden, die Küste hinauf, für die Region südlich des Äquators vor.
Für kürzere Segelstrecken, vor allem nördlich des Äquators, war dies kein Problem.
Für die lange Seereise von Dias, und die erwartete nächste schließlich nach Indien war eine bessere Strategie erforderlich als die extrem zeitaufwändige Methode, einfach gegen die Passatwinde an der Küste Afrikas entlang zu kreuzen.[10]
Ein weiterer plausibler und zusätzlicher Grund für die Verzögerung der Reise von Da Gama ist, dass die Portugiesen während dieser Zwischenzeit Schiffe ohne Aufzeichnungen in den Südatlantik geschickt haben, um die Segelbedingungen in diesem Teil der Welt besser zu verstehen.[9]
Dies würde erklären, warum Da Gama mit dem Wind die Küste hinunter bis nach Sierra Leone segelte und dann nach Westen in den Ozean hinausfuhr und fast Brasilien erreichte, bevor er nach Südosten fuhr, um die vorherrschenden Passatwinde einzufangen. Nachdem Da Gama etwa 96 Tage zuvor die Kapverdischen Inseln verlassen hatte, landete er schließlich ungefähr 80 Meilen nordwestlich des Kaps der Guten Hoffnung.
Zu dieser Zeit war dies die längste Reise eines europäischen Schiffes außer Sichtweite des Landes und übertraf damit die Reise von Columbus 1492 über den Atlantik in die Karibik bei weitem.

Über Da Gamas Reise nach Indien bis zu seiner Rückkehr nach Portugal im Jahr 1499 ist viel geschrieben worden.
Zusammenfassend lässt sich sagen, dass er nach seiner Einfahrt in den Indischen Ozean Quilimane, die Insel Mosambik und andere ostafrikanische, arabisch-suahelische Häfen anlief, die seit langem von muslimischen Händlern kontrolliert wurden, und die nicht begeistert waren von dem, was sie als portugiesische und christliche Einmischung in ihre etablierten Handelsstrukturen betrachteten.
Schließlich konnte er doch in Malindi die Dienste eines arabischen Lotsen, Ahmad ibn Madjid, gewinnen, der ihn über den Indischen Ozean nach Calicut in Indien führte, dem wichtigsten Umschlagplatz für den Gewürzhandel an der Malabarküste.
Durch pures Glück kam Da Gama im März in Ostafrika an und konnte so die günstigen Monsunwinde nutzen, die im Frühjahr und Sommer in nordöstlicher Richtung nach Indien wehen.
Aufgrund des Fehlens einer starken asiatischen Seemacht konnten die Portugiesen anschließend schnell ihre Kontrolle über den Indischen Ozean erlangen, mit Ausnahme des Roten Meeres und einiger weniger anderer Küstengebiete.
Ihre Macht gipfelte 1509 in Francisco de Almeidas Sieg über eine ägyptische Flotte vor Diu und 1511 in einem weiteren Sieg vor Malakka.
Die wichtigsten Stützpunkte Goa (ab 1510), Hormuz (1515) und Malakka (1511) wurden bald ergänzt durch eine große Anzahl befestigter Handelsposten (Feitorias), die sich von Punkten entlang der Westküste bis nach Sofala, Mosambik, Mombasa und Malindi an der ostafrikanischen Küste erstrecken. Der portugiesische Machtanspruch über Subsahara-Afrika und über viele Länder rund um den Indischen Ozean wurde lange Zeit nicht ernsthaft in Frage gestellt, das änderte sich erst als fast ein Jahrhundert später die Holländer, Engländer und Franzosen in Afrika und im Indischen Ozean ankamen.[11]

Die Portugiesen in Afrika

Während des fünfzehnten, sechzehnten und siebzehnten Jahrhunderts drangen die Portugiesen landeinwärts an der westafrikanischen Küste den Senegal hinauf nach Timbuktu (1487), in den Kongo und nach Angola vor. In größerem Umfang erkundeten sie das Landesinnere von der ostafrikanischen Küste bis Abessinien und von Sofala bis zum goldproduzierenden Land Monomotapa (heutiges Zimbabwe).
Die erste portugiesische Gruppe, die das Königreich von Priesterkönig Johannes in Abessinien erreichte und nach Portugal zurückkehrte, wurde von Rodrigo de Lima und Jorges de Abreu angeführt und umfasste auch Pater Francisco Alvares. Sie erreichten das Königreich des Priesterkönigs im Jahr 1520.
Dort trafen sie auf den Kaiser von Abessinien, Lebna Dengel, oder König David II, wie er von den Europäern genannt wurde. Interessanterweise trafen sie auch auf Pero da Covilha, der, wie wir bereits wissen, 1487 von Joao II. in den Osten geschickt worden, und seit 1491 in Abessinien gestrandet war.
Während seines sechsjährigen Aufenthalts in dem Königreich machte Alvares umfangreiche Aufzeichnungen.
Im Jahr 1527 kehrten Alvares und andere Mitglieder seiner Gruppe nach Portugal zurück. Ein vollständiger Bericht über seine Reisen wurde 1540 in Lissabon unter dem Titel "Ho Preste Joan das indias..." veröffentlicht.
In diesem Buch wurde das Königreich des Priester Johannes zwar als weniger großartig dargestellt als gedacht, aber es dauerte noch mehr als 100 Jahre, bis dieser fest verwurzelte Mythos ausgeräumt wurde.
Obwohl sie begannen, den Reichtum des Königreichs in Frage zu stellen, gingen die Europäer davon aus, dass sich das Land Abessinien weit in das Innere des Kontinents und weit nach Süden erstreckte. (In Anlehnung an die früheste Bezeichnung für das Gebiet Afrikas südlich von Nordafrika und Guinea bezeichneten die Europäer einen großen Teil Afrikas als Äthiopien Superior (oberes oder nördliches) und Äthiopien Inferior (unteres oder südliches), obwohl sie den Begriff Abessinien zumindest anfangs manchmal synonym mit Äthiopien verwendeten).
Dies erklärt die Platzierung zahlreicher abessinischer Ortsnamen im

südlichen Afrika auf den Karten der damaligen Zeit und auf den späteren Karten von Gastaldi, Ortelius und anderen.
Nach der ersten Reise von Pater Francisco Alvares und seiner Gefährten folgten weitere portugiesische Besuche im Königreich von Priesterkönig Johannes.
Als Reaktion auf eine Invasion somalischer Moslems entsandte der portugiesische König 1541 eine Truppe unter Christovao da Gama, dem jüngeren Sohn von Vasco, zur Unterstützung des Königreichs des Priesterkönigs.
Miguel de Castanhoso begleitete den Feldzug und schrieb ausführlich über alles, was er sah. Zahlreiche Soldaten blieben in Abessinien, und von etwa 1555 bis 1633 unterhielten die Portugiesen dort eine Missionspräsenz.
Im Jahr 1633 wurden dann allerdings die Portugiesen vertrieben und alle katholischen Missionstätigkeiten wurden verboten.
Der Mythos über die Ausdehnung des Reiches von Priesterkönig Johannes war im siebzehnten Jahrhundert mit der Ankunft der Jesuiten Pero Paez, Manuel de Almeida und Jerome Lobo, die ihre Besuche dokumentierten, weitgehend beendet.[1]
Paez war es dann, der 1618 als erste Europäer die Quelle des Blauen Nils als Tana-See beschrieb.
Almeida, der sich von 1624 bis 1633 in Äthiopien aufhielt, schilderte 1645 seine Beobachtungen in dem Manuskript "Historia de Ethiopia a alta", das auch eine Karte enthielt, die allerdings verloren gegangen ist. Glücklicherweise sind aber einige Kopien erhalten geblieben.[2]
Auch Lobo hinterließ einen Bericht über seine Reisen von 1623.
Die Karte von Almeida wurde in ganz Europa verbreitet, und es entstanden zahlreiche Ableitungen, wie zum Beispiel die Karte von Äthiopien von Hiob Ludolf aus dem Jahr 1683.[3]
Die schriftliche Geschichte Madagaskars begann im siebten Jahrhundert, als Araber Handelsposten an der Nordwestküste errichteten.
Die viertgrößte Insel der Welt nach Grönland, Neuguinea und Kalimantan wurde von Migranten aus Südostasien besiedelt.
Alison Crowther, die Archäologin von der Universität Queensland erklärt dazu: „Zu den Ereignissen die möglicherweise mit der

Ankunft der Menschen aus Südostasien in Zusammenhang stehen, gehört das Verschwinden von Madagaskars bekannter Megafauna, zu denen verschiedene Arten von riesigen Vögeln, Riesenlemuren und Riesenschildkröten gehören“.[4]

Der Schiffskapitän Diego Dias war möglicherweise der erste Portugiese, der Madagaskar am 10. August 1500 sichtete, nachdem sein Schiff auf der Reise nach Indien in einem Sturm vom Rest der Flotte von Pedro Alvares Cabral getrennt worden war. Allerdings ist diese Aussage umstritten, da es auch die Meinungen gibt das dieses Verdienst Alfonso de Albuquerque zugeschrieben werden müsste.[5]

Interessanterweise war die Cabral-Flotte auch die erste, die die brasilianische Küste sichtete, nachdem starke Winde sie zu weit nach Westen getrieben hatten.

Dias nannte die Insel St. Laurentis, weil er sie am Festtag des Heiligen Laurentius erstmals sichtete. Später wurde die Insel unter dem Namen Madagaskar bekannt, in Bezug auf ihren viel früheren Namen aus den Schriften von Marco Polo.

Zwar konnte in Südostafrika etwas Gold gewonnen werden, doch war die Menge nie so groß wie an der Küste von Guinea ab Sao Jorge da Mina. Infolgedessen war die Belastung für Portugal die Siedlungen an der Ostküste aufrechtzuerhalten immens.

Die Ankunft der Portugiesen in Südostafrika fiel mit dem Zerfall der Makalanga-Stammeskonföderation zusammen, die von Mutapa, dem obersten Häuptling der Region, regiert wurde.

Die Portugiesen nannten dieses Gebiet um das heutige Simbabwe großspurig das Reich von Monomotapa.[6]

Im Landesinneren herrschten über lange Zeiträume hinweg, aufgrund des Zerfalls der Makalanga-Stammeskonföderation, Unruhen und Bürgerkriege, die einen Handel fast unmöglich machten.

Eine weitere ständige Schwierigkeit, mit der die Portugiesen konfrontiert wurden, waren die tödlichen Krankheiten, die in diesen tropischen Regionen, insbesondere an der Küste und in anderen tief liegenden Gebieten, weit verbreitet waren.

Es gibt einige Aufzeichnungen über die portugiesische Erkundung des Sambesi-Tals, die bei ihrer Ankunft an der Küste stattfand.

Ein Großteil Teil der weiteren Erkundungen aber wurde von

zahlreichen, nicht dokumentierten, Händlern auf der Suche nach Gold und anderen Handelsgütern den Sambesi und seine Nebenflüsse hinauf durchgeführt.[7]

Der wahrscheinlich erste nennenswerte Entdecker im Landesinneren war Antonio Fernandes, ein „Degredado“ (ein zur Verbannung nach Übersee verurteilter Krimineller).

Ab 1511 wurde er von den portugiesischen Behörden auf eine Reihe von Expeditionen ins Landesinnere geschickt, um Vorräte zu finden und festzustellen, wo sich Gold befinden könnte.

Von diesen Reisen sind nur wenige Aufzeichnungen erhalten, die von dem Schreiber in Sofala angefertigt wurden.[8]

Axelson[9] bezeichnet ihn als den ersten Entdecker des südlichen Zentralafrikas.

Vieles von dem, was über Südostafrika bekannt war, stammte von Joao de Barros (Decadas da Asia, veröffentlicht in Lissabon 1552). Dieser Bericht enthielt detaillierte Informationen über Sofala und das Königreich Monomotapa, das er als Gebiet zwischen dem Fluss Cuama und dem so genannten Rio da Lagoa (von Lourenco Marques nach seiner Erkundung der Region im Jahr 1545 in Espirito Santo umbenannt) beschrieb.

Zu den Nebenflüssen des Cuama gehörten sechs Flüsse namens Ruenya, Nyaderi, Mazoe, Ruia, Hunyani und Luangwa, die das Ausmaß des portugiesischen Vordringens in das Landesinnere anzeigten.[9]

Ich möchte an dieser Stelle einmal ganz kurz unseren Blick auf die Leistungen der Expeditionen jener Zeit lenken.

Was hier so sachlich aufgezählt wird, die Informationen und Ortsnamen, bekommt richtiges Leben eingehaucht, wenn man diese Gegenden heutzutage schon bereist hat. Ich greife dazu einfach einmal den 806 km langen Luangwa heraus, der größtenteils durch das heutige Sambia fließt. Ich kenne die Hitze, die unsäglichen Tsetse Fliegen, die tief sandigen, auch heute, selbst mit 4x4 Fahrzeugen, immer noch schwer zu befahrenden Pisten und die große Anzahl an wilden Tieren, die rund um das lebensnotwendige Wasser leben. Zu Fuß, zu damaliger Zeit in unbekanntes Gebiet vordringend, mit der damaligen medizinischen Versorgung und des

Mangels an Wissen, war ein Glücksspiel, das viele Entdecker mit ihrem Leben bezahlt haben. Zurück bleiben diese Berichte, die hier immer wieder aufgeführt werden.Es sind dies Berichte von denen, die überlebt haben, und ihr erfahrenes Wissen weitergeben konnten. Viele andere konnten das leider nicht. Aber fahren wir fort mit der schweißtreibenden Erforschung Afrikas, umschwirrt von Tsetse Fliegen und den unbekannten Geräuschen aus dem Busch, dem Trompeten der Elefanten, dem Grunzen der Flusspferde, dem Lachen der Hyänen und dem Brüllen der Löwen.
De Barros verweist auch auf die Goldminen im Bezirk Toroa, der als Königreich Buta, einem Vasallen von Monomotapa, bekannt war und auf Karten aus dieser Zeit erscheint.
Des weiteren beschreibt De Barros ein Gebäude namens Symbaoe in dem der Monomotapa residieren könnte. Aufgrund der detaillierten Beschreibung von De Barros glaubt Axelson, dass dies ein früher Hinweis auf die heutigen Ruinen von Great Zimbabwe ist.[10]
Als König Sebastiao 1568 den portugiesischen Thron bestieg, beschloss er, entschlossen zu handeln, um die Goldfelder von Monomotapa endgültig zu kontrollieren.
Im Jahr 1569 wurde eine Expedition unter der Leitung von Francisco Barreto gestartet.
In Sofala schloss sich ihm Vasco Fernandes Homem an.
Im Jahr 1571 erreichte die Expedition schließlich Sena, das Hauptzentrum der zehn portugiesischen Händler, die im Sambesi-Gebiet tätig waren.
In der Nähe des Dorfes Inhaparapara hatten diese sich in Grashütten eingerichtet,die von einem Lehm Fort geschützt wurden, das sie Sao Marcal genannt hatten.[11]
Von diesem Punkt aus begannen sie mit einer Truppe von über 650 Mann einen Marsch vom Fluss ins Landesinnere, doch Krankheiten und afrikanische Angriffe ließen ihre Zahl schrumpfen, so dass sich die Truppe nach Sena zurückzog, wo Barreto starb und Homem die Führung über eine stark reduzierte Truppe von 180 Mann überließ.
Als nächstes marschierten die Portugiesen, die inzwischen wieder verstärkt waren, ins Landesinnere und kämpften sich durch das Königreich Quiteve, bis sie schließlich Manica erreichten, ein

Gebiet, in dem Gold gefördert wurde.
Da die Afrikaner sich seinem weiteren Vormarsch widersetzten, zog sich Homem erneut nach Sena zurück, wo er Ende Oktober 1575 die Festung Sao Marcal erreichte. Weitere Vorstöße ins Landesinnere vom Fluss aus erwiesen sich als ebenso erfolglos.
Wie Axelson feststellt[12], war die Barreto-Homem-Expedition ein langwieriger, düsterer und teurer Misserfolg.
Die Besteigung des portugiesischen Throns durch den spanischen König im Jahr 1580 verhinderte danach praktisch alle weiteren Versuche zur Erforschung des Landesinneren, abgesehen von den fortgesetzten Aktivitäten der Händler entlang des Cuama und seiner Nebenflüsse.
Trotz dieser militärischen Katastrophen hatten die Portugiesen am Sambesi in Sena und Tete gut ausgebaute Handelsstützpunkte. Ein Dominikanermönch, Joao dos Santos, der von 1586 bis 1590 in Sofala stationiert war, reiste 1590 den Sambesi hinauf und besuchte Sena und Tete.
Dort sah er die Festungen aus Stein und Kalk, die mehrere Artilleriegeschütze enthielten.
Tete verfügte über sieben oder acht Artilleriegeschütze und etwa 600 Christen, darunter 40 Portugiesen. sowie Mulatten und Afrikaner.
Santos beschrieb seine Reise in "Ethiopia Oriental e varia historia de cousas notaveis do oriente", das 1609 im portugiesischen Evora veröffentlicht wurde.[13]
Ein Rätsel auf den Karten des südlichen Afrikas aus dem 16. Jahrhundert ist das Auftauchen von „Cast. Portugal“ (Schloss Portugal), das fast genau in der Mitte des südlichen Afrikas liegt (südöstlich des Zachaf Lacus und etwas nördlich des Wendekreises des Steinbocks). Das erste Mal taucht diese "portugiesische Schloss" auf der Weltkarte von Gerhard Mercator aus dem Jahr 1569 auf, wo es südlich der Stelle eingezeichnet ist, an der sich der Fluss Zambere in die Flüsse Cuama und Spirito Santos teilt. Zahlreiche spätere Karten zeigen "Cast. Portugal" (van Linschoten 1596) oder Abwandlungen dieses Namens bis weit ins achtzehnte Jahrhundert hinein (De Fer führt es als Chateau de Portugal auf).Randles stellt fest, dass der Ursprung dieses Ortes nicht nachvollziehbar ist, und

stellt die Theorie auf, dass es sich um ein Fort handeln könnte, das von der Expedition von Cristovao da Gama 1542 tatsächlich in Abessinien errichtet wurde und das, wie so viele Ortsnamen in Abessinien, in das südliche Afrika verlegt wurde.[14]
Es besteht jedoch auch die Möglichkeit, dass sich das Schloss auf Sena oder Tete bezieht, die zu dieser Zeit als befestigte Außenposten für den Handel etabliert waren und kaum als Festungen dienten.
Es ist wichtig, sich daran zu erinnern, dass viele, wenn nicht sogar die meisten Namen, die in dieser Zeit auf Karten des südlichen Afrikas erschienen, eine Grundlage in der Realität hatten, auch wenn die Ortsnamen falsch platziert waren.
Diego Cao war der erste Europäer, der 1482 mit dem Königreich Kongo in Kontakt kam.
Das Zentrum dieses Königreichs befand sich im heutigen Nordangola, rund um die Stadt Mbanza Kongo, die später in Sao Salvador umbenannt wurde. Es wurde im Norden vom Kongo-Fluss und im Süden vom Loje-Fluss begrenzt. Die Herrscher oder „Mani“ dieses Königreichs nahmen bald das Christentum an, und einer von ihnen, Nzinga Nvemba oder Dom Alfonso I. (1506-1545), knüpfte enge Beziehungen zu den Portugiesen und empfing zahlreiche Delegationen im Kongo, zu denen auch Facharbeiter und Handwerker gehörten.[15]
Diese Beziehungen zerbrachen jedoch im Laufe der Zeit aufgrund der steigenden Nachfrage nach Sklaven, die, zunächst aus den Ländern außerhalb des Kongo-Königreichs, für die Plantagen auf Sao Tome und anderswo geholt wurden. Die Portugiesen ihrerseits versuchten nicht dem Land ihren Willen aufzuzwingen oder es mit Gewalt zu erobern.
Die Entscheidung, dem Kongo nicht den portugiesischen Willen aufzuzwingen, war aber nur eine Reaktion auf die dringlicheren Probleme in Guinea und an der ostafrikanischen Küste.
Tatsächlich baten die Könige des Kongo weiterhin um Unterstützung, die im Allgemeinen jedoch ignoriert wurde.
Abgesehen von der Entsendung einer Truppe zur Abwehr einer Jaga-Invasion in den Jahren 1568 bis 1573 unternahmen die portugiesischen Behörden in diesem Gebiet wenig.

Etwas weiter südlich dagegen, im heutigen Angola, waren die Portugiesen von 1520 bis ins späte zwanzigste Jahrhundert kolonial präsent.
Im Jahr 1520 bat König Manuel zwei Abgesandte, in das Königreich Angola zu reisen, um mit den Afrikanern in der Region zu sprechen. Das anfängliche Interesse galt vor allem einem potenziellen Sklavenlager, aber auch der Missionierung.
Im Februar 1575 begannen die Portugiesen mit der Besiedlung Angolas in Sao Paulo de Loanda.
Von 1578 bis 1584 reiste der portugiesische Entdecker Duarte Lopes durch das Königreich Kongo und hielt detaillierte Informationen über seine Reisen fest.
Am Ende dieser Reise schickte der Herrscher des Kongo Lopes zurück nach Europa, um König Philipp II. und dem Papst über die Angelegenheiten des Kongo zu berichten. Während seiner Zeit in Rom von 1588 - 1589 kam Lopes in Kontakt mit Filippo Pigafetta (ca. 1533 - 1604). Auf der Grundlage von Lopes' Reisen schrieb Pigafetta ein Buch mit dem Titel "Relatione del reame di Congo et delle circonvicine...", das 1591 in Rom von Bartolomeo Grassi veröffentlicht wurde.
Das Buch enthielt eine Karte der Kongo-Region und eine Karte, die den größten Teil Afrikas mit Ausnahme Westafrikas zeigte, und von Natale Bonifacio gestochen wurde.
Was die Kartographie Afrikas betrifft, so sind dieses Buch und die dazugehörige Karte Afrikas aus zwei Gründen von Bedeutung. Erstens verwirft Pigafetta den lange Zeit vorherrschenden ptolemäischen Glauben an die Mondberge als Quelle des Nils, und zweitens lehnt er es ab, dass der Nil aus zwei nebeneinander liegenden Seen in Zentralafrika nach Norden fließt. Nach seiner Erklärung gibt es in Zentralafrika zwei Seen, die übereinander liegen. Der untere See speist den Rio de Manhice (Sambesi) und den "Lorenzo Marches" (Limpopo), der nördliche dagegen den Nil, wobei ein Fluss die beiden Seen verbindet.
Zudem liegt der nördliche See oberhalb des Äquators, während Ptolemäus die Seen weiter südlich verortet.

Pigafetta platziert einen weiteren See im Westen als Quelle für den Kongo und andere Flüsse, die nach Osten fließen, ein Thema, das zuerst von Waldmüller eingeführt wurde.[16]
Dieses Werk wurde zu einer wichtigen Quelle über den Kongo und wurde von späteren Schriftstellern und Kartenmachern häufig verwendet.
Die Brüder De Bry veröffentlichten 1597, im gleichen Jahr nach der frühesten Übersetzung aus dem italienischen ins Niederländische durch Cornelis Claesz, eine deutsche Übersetzung mit zwei ähnlichen Karten.
Was bei dieser Karte wahrscheinlich als am bedeutsamsten zu bemerken wäre, ist die Tatsache, dass Pigafetta im Gegensatz zu den anderen Kartographen dieser Epoche bei der Darstellung des Inneren Zentralafrikas bewusst auf die Primärdaten des Ptolemäus verzichtete.
In anderen Afrikakarten und Atlanten dieser Zeit, insbesondere in der Afrika-Karte von Ortelius in seinem "Theatrum Orbis Terrarum", wurde Afrika entlang der Küsten weiterhin relativ genau dargestellt, mit einigen korrekten Informationen für begrenzte Abschnitte des Inneren, die der Erforschung offen standen (südliches Afrika, Südostafrika, Kongo, Abessinien und Teile Westafrikas).
Die meisten Kartographen, die das Landesinnere kartographierten, folgten aber weiterhin Ptolemäus. Die nächsten, die Ptolemäus' Autorität ernsthaft in Frage stellten, waren erst wieder die französischen Geographen der späten Hälfte des siebzehnten Jahrhunderts. Dies gipfelte in Guillaume Delisles bahnbrechender Afrikakarte von 1700, die die meisten ptolemäischen Informationen im Landesinneren nicht enthielt.[17]

Die Ankunft anderer Europäer

Der Reichtum, den die portugiesischen Besitzungen in Übersee in Afrika erzeugten, ermutigte die Niederländer, Engländer, Franzosen und andere, es ihnen gleich zu tun.

Nach dem Tod des portugiesischen Königs Sebastian in Nordafrika und seines Nachfolgers wurden der spanische und der portugiesische Thron 1580 vereint (bis 1640).

Die Niederländer, die seit 1568 um ihre Unabhängigkeit von der spanischen Herrschaft kämpften, richteten ihren Zorn nun auch gegen die Portugiesen und insbesondere gegen die portugiesischen Besitzungen in Übersee, wobei sie ihre überlegene Seemacht, unterstützt durch größere wirtschaftliche Ressourcen und Arbeitskräfte, nutzten.

In der Mitte des 16 Jahrhunderts begannen englische, französische und holländische Handelsschiffe die afrikanischen Küsten, insbesondere in Westafrika, zu erkunden.

Während die Portugiesen in Afrika im Dienste ihres Königs standen, fuhren die anderen, insbesondere die Niederländer und Engländer, als Vertreter von Handelsunternehmen.

Im Jahr 1600 wurde die englische Ostindien-Kompanie und zwei Jahre später (1602) die niederländische Ostindien-Kompanie gegründet.

In den darauf folgenden 50 Jahren expandierten die Niederländer in einer Reihe rascher Aktionen auf Kosten der Portugiesen nach Afrika.

Im Jahr 1612 gründeten die Niederländer eine Siedlung an der Küste Guineas in Mouri (Fort Nassau).

Im Jahr 1621 nahmen sie den Portugiesen die Handelsposten Arguim, südlich von Kap Blanco in Westafrika, und Gorèe, vor der Kapverdischen Halbinsel in Senegambia, ab.

Im Jahr 1638 eroberten die Niederländer die Festung Sao Jorge da Mina (El Mina) und errichteten zahlreiche weitere Festungen an der Küste Guineas.

Als sie allerdings versuchten, die „Insel Mosambik“ einzunehmen, scheiterten sie.

Das zwang die Niederländer teilweise dazu, am Kap der Guten Hoffnung eine Kolonie zu gründen, um die Schiffe auf dem Weg zu ihren neuen Besitzungen im Osten zu versorgen (1652 unter Jan van Riebeeck).
Im Jahr 1666 errichteten die Niederländer ein Fort in Kapstadt und begannen bald darauf mit der ersten Erkundung und Expansion ins Landesinnere.
Zu dieser Zeit, Mitte des 17. Jahrhunderts, waren die Niederländer mit ihren weitreichenden Geschäften unbestritten die größte Handelsnation der Welt, während die Portugiesen viel von ihrer ehemaligen Stärke eingebüßt hatten.
Im Jahr 1626 gründeten die Franzosen an der Mündung des Senegalflusses eine Siedlung namens St. Louis.
Später, ab 1637, erkundeten sie den Senegal-Fluss auf einer Länge von etwa 100 Meilen und errichteten verschiedene Handelsposten entlang des Flusses.
Im Jahr 1677 eroberten die Franzosen die holländischen Handelsposten im Senegal, womit ihre Eroberung der Senegalregion abgeschlossen war. Danach stießen sie weiter flussaufwärts bis nach Mambuk vor.
Später als die Niederländer und Franzosen, etablierten dann auch die Engländer ihre Präsenz in Afrika, indem sie 1662 ein Fort an der Mündung des Gambia-Flusses auf der James-Insel errichteten und auch anderswo in Afrika Handel trieben.
In geringerem Maße bauten auch andere europäische Länder befestigte Handelsniederlassungen in Afrika auf.
Die Schweden errichteten 1652 ein Fort in Christiansborg in der Nähe von Accra in Westafrika, das fünf Jahre später von den Dänen erobert wurde, die es fast 200 Jahre lang hielten.[1]
Auch Preußen-Brandenburg beteiligte sich am afrikanischen Handel. Nachdem bereits ein Jahr zuvor Handels- und Schutzverträge mit drei afrikanischen Häuptlingen abgeschlossen worden waren, erreichten im Dezember1682 in einer zweiten Afrikafahrt zwei brandenburgische Schiffe, die Morian und die Churfürst unter dem Expeditionsleiter Otto Friedrich von der Groeben die westafrikanische Küste und besetzten das Gebiete zwischen dem

südöstlichen Capo de tres Puntas und dem Berg Manfro, den von der Groeben in Großer-Friedrichsberg umbenannte, durch Soldaten und Matrosen des Expeditionskorps.
Am Neujahrstag 1683 wurde auf dem Manfro (Großer-Friedrichsberg) die brandenburgische Flagge gehisst. Damit kamen die Deutschen den Holländern zuvor, die einen Tag später genau dieses verhindern wollten.
Unmittelbar nach Abschluss eines Vertrages mit den Bewohnern des am Fuße des Berges gelegenen Dorfes Pokesu (Pocquesöe) über die Errichtung einer Schutzherrschaft am 5. Januar 1683 wurde mit dem Bau von Befestigungsanlagen auf dem Manfro begonnen.[2]
Der Reisebericht dieser Reise von Major von der Groeben, die „Guineische Reisebeschreibung“ erschien 1694 als Buch in Marienwerder. Es ist eine der ältesten deutschen Reiseberichte über Afrika und macht ihn in seiner lebendigen, humorvollen, nahezu derben Sprache auch noch heute zu einer vergnüglichen Lektüre.[3]
Das Fort Großfriedrichsburg blieb von 1683 bis 1717 mit brandenburgischen Soldaten besetzt.
Am 01. Oktober 1686 erreichte Kapitän Reers mit der leichten Fregatte "Roter Löwe" das Kap Blanco und nahm auch das Gebiet mit der Feste Arguin unter brandenburgischen Schutz.[4]
Nur sechs Tage später überfiel der niederländische Generaldirektor von El Mina Sweerts die brandenburgischen Stützpunkte an der Goldküste.
Weitere Auseinandersetzungen mit Holländern, Franzosen und auch Dänen folgen in den nächsten Jahren.[5]
Mit dem Ende der kolonialen Ambitionen von Brandenburg-Preußen wurde die Kolonie mitsamt der Festung 1717 an die Niederländische Westindien-Kompanie verkauft.
An der Ostküste Afrikas wurden die Portugiesen Ende des 16. Jahrhunderts von den omanischen Arabern von ihren verbliebenen Posten vertrieben. Sie blieben aber in der Region Mosambik, die sie bis ins späte zwanzigste Jahrhundert behielten.[6]

Teil 3 des Buches
Weltkarten und Landkarten Afrikas im Laufe der Zeit

Ptolemäische Karten: Die frühesten gedruckten Karten von Afrika

Griechische Kultur und Wissen während des frühen Mittelalters wurde zunächst in Byzanz und als das alte byzantinische Reich zerfiel von islamischen Gelehrten bewahrt.
Die griechische Geographie, einschließlich des Werks von Ptolemäus, beeinflusste auch dadurch zahlreiche frühe arabische Gelehrte.
Im Falle der Geographia von Claudius Ptolemäus wurde die vollständige Übersetzung aus dem Griechischen oder Syrischen ins Arabische im neunten Jahrhundert abgeschlossen.[1]
Als das byzantinische Reich weiter zerfiel, gelangten im vierzehnten Jahrhundert zahlreiche griechische Manuskripte nach Italien, darunter auch Exemplare der Geographia von Ptolemäus. Angesichts seiner detaillierten Beschreibung der bekannten Welt muss dieses Buch eine Neuerung gewesen sein, die das Weltbild der meisten Europäer erweiterte.
Anstelle einer provinziellen, eingeschränkten Sichtweise auf die Welt nahmen viele die Welt nun auf eine neue, umfassende Weise wahr.
Diese Gefühl des Erstaunens und die daraus resultierende vollständige Übernahme der Weltanschauung des Ptolemäus waren sowohl ein Segen als auch ein Fluch.
Die Ankunft des Buches im Westen, die mit der Entwicklung des Buchdrucks in der Mitte des 15. Jahrhunderts zusammenfiel, ermöglichte seine weite Verbreitung und festigte damit die Vormachtstellung des Ptolemäus in Europa.
Tatsächlich war das Buch so erfolgreich, dass sein Einfluss trotz der zahlreichen neuen Entdeckungen bis weit ins siebzehnte Jahrhundert hinein erhalten blieb. Dies erwies sich als unglücklich, da es die Verbreitung anderer, besser geeigneter Karten verzögerte.
Die letzten Spuren des ptolemäischen Einflusses verschwanden erst um 1700, als Delisle seine bahnbrechende Karte von Afrika erstellte.

Aber selbst danach setzten einige andere Karten die ptolemäischen Traditionen bis ins achtzehnte und frühe neunzehnte Jahrhundert hinein fort, wenn sie das Innere Afrikas darstellten..
Die Übersetzung der Geographia aus dem Griechischen ins Lateinische wurde von dem byzantinischen Gelehrten Emanuel Chrysoloras (? - 1415) begonnen und 1406 von seinem Schüler Jacopo dÀngiolo (Jacobus Angelus) in Italien abgeschlossen. Die lateinische Übersetzung wurde anscheinend als Manuskript weit verbreitet, zunächst ohne Karten, später dann mit den vorbereiteten Karten, die die über 8000 Koordinaten der im Text beschriebenen Ortsnamen verwenden.
Es gibt zwei Versionen der Geographia mit Karten: eine "A Recension"-Version mit einer Karte und 26 Karten von Teilen der Welt, darunter vier von Afrika; und eine "B Recension"-Version mit einer Weltkarte und 64 Karten von Teilen der Welt, darunter acht von Afrika in Buch IV.
Die Biblioteca Medicea Laurenziana in Florenz enthält die früheste bekannte griechische Handschriftenausgabe der Geographia aus der "B Recension". Sie wird auf das frühe vierzehnte Jahrhundert datiert.
Die erste gedruckte Ausgabe der Georaphia mit Karten wurde 1477 in Bologna veröffentlicht. (Es gab eine frühere gedruckte Ausgabe ohne Karten, die 1475 in Venedig erschien).[2]
Der Ausgabe von Bologna 1477 folgten Ausgaben der Geographia in Rom 1478, 1490, 1507 und 1508, in Florenz (die eigenständige Berlinghieri-Ausgabe von 1482) und nördlich der Alpen in Ulm 1482 und 1486. Es folgten zahlreiche weitere Ausgaben der Geographia durch Sylvanus (1511), Waldmüller (1513), Fries (1522), Münster (1540) und andere.
Der Text der Geographia enthielt als Buch IV einen Abschnitt über Afrika, in dem geografische Informationen und Kartenkoordinaten beschrieben wurden, die es dem geübten Leser ermöglichten, Karten von Afrika zu erstellen. Buch IV bestand aus acht Kapiteln: "1. Mauretanien Tingitana, 2. Mauretanien Caesariensis, 3. Numidien Afrika, 4. Cyrenaica, 5. Marmarica, das eigentlich Libyen heißt, ganz Ägypten, sowohl Unter- als auch Oberägypten, 6. Libyen im Inneren,

7. Äthiopien, das unter Ägypten liegt, und 8. Äthiopien, das sich im Landesinneren unter diesem befindet".[3]
Wie bereits erwähnt, enthalten die "A Recension"-Versionen von Ptolemäus' Geographia vier Karten von Afrika. Es handelt sich um die Tabula Prima Africae (Marokko und Nordwestafrika), die Tabula Secunda Africae (zentrales Nordafrika), die Tabula Tertia Africae (Ägypten) und die Tabula Quarta Africae (das gesamte bekannte Afrika).
Die ersten drei Karten der nordafrikanischen Küste enthielten zahlreiche Ortsnamen und geografische Merkmale, zumal es sich um ein Gebiet handelte, das Ptolemäus und seinen Zeitgenossen gut bekannt war.
Auf der Tabula Quarta Africae dehnt Ptolemäus Afrika weit nach Süden aus, über seine Äquatorlinie hinaus bis zur Agisymba Regio Aethiopum, seiner Bezeichnung für die südlichste Region auf dieser Karte.
Eine Linie trennt die bewohnten Gebiete Ägyptens, des inneren Libyens, Libyens usw. von dem unbekannten Gebiet des inneren Aethiopiens. An der Ostküste endet die Linie in der Nähe der Landzunge Raptum.
Der am weitesten entfernte geografische Punkt an dieser Küste ist nach Süden das Prasum Promontory (möglicherweise Kap Delgado), von dem die Küstenlinie eine östliche Richtung einschlägt.[4]
Der Indische Ozean vor Ostafrika wird als Sinus Barbaricus bezeichnet (ein weiterer Name, der auf zahlreichen Karten des sechzehnten und siebzehnten Jahrhunderts zu finden ist).
Von Alexandria in Ägypten aus hatte Ptolemäus besseren Zugang zu direkten Informationen über die Ostküste von Händlern am Nil, am Roten Meer und an der Nordostküste des Indischen Ozeans.
Der am weitesten südlich gelegene Punkt an der Westküste ist Hesperii (West-)Aethopia.
Canaria wird als eine der Inseln vor der Küste Westafrikas identifiziert.
In der klassischen Literatur gibt es zahlreiche Hinweise auf die Existenz der Kanarischen Inseln (Insulae Fortunatae auf der Weltkarte von Ptolemäus), aber sie waren lange Zeit nicht besucht

worden, bis zu ihrer ersten dokumentierten "Wiederentdeckung" um 1336 oder möglicherweise schon 1312 durch Lanceroto Malocello, einen genuesischen Seefahrer.[5]
Ptolemäus nennt zwei Zwillingsseen, Paludes Nili, als Quelle des Nils, südlich des Äquators. Ein weiterer See wird in Abessinien als Quelle des Blauen Nils angegeben, der sich beim Königreich Meroe mit dem Weißen Nil vereinigt.
Die Äquatorlinie des Ptolemäus liegt zu weit nördlich, was eine Verringerung der Breitengrade in der bekannten Welt widerspiegelt. Außerdem streckt Ptolemäus das Mittelmeer in Längsrichtung um etwa 20 Grad und gibt die Entfernung zwischen Tanger und Alexandria mit 54° an (die tatsächliche Entfernung beträgt 35° 39').
Man nimmt an, dass er dies tat, um früheren griechischen Berechnungen über die Größe der Welt zu entsprechen, so dass der bewohnte Teil der Welt die Gesamtentfernung von 180° erreichte. Arabische Geographen korrigierten die Länge des Mittelmeers, aber diese Korrektur wirkte sich erst viel später auf die von Europäern erstellten Karten aus.[6]
Die Geographia von Ptolemäus enthielt erst in der Ausgabe von Rom 1508 eine gedruckte Karte mit Informationen über die neuen portugiesischen Erkundungen. (Berlinghieri hatte damit begonnen, der Geographia für seine Ausgabe in Florenz 1482 Tabulae Nova (moderne Karten) beizufügen, allerdings ohne eine moderne Karte von Afrika).
Die Ausgabe von Rom aus dem Jahr 1508 enthält eine von Johannes Ruysch erstellte Karte der Welt. Sie zeigt die Ausdehnung Afrikas, einschließlich der Seewege nach Indien, die kurz zuvor von Da Gama entdeckt worden waren.
Obwohl die Ruysch-Weltkarte nicht so genau war wie ihre handschriftlichen Vorbilder aus dieser Zeit, stellte sie Afrika doch relativ genau dar.
Die ersten gedruckten Karten, die in einer Ausgabe der Geographia erschienen, die sich auf Afrika konzentrierte und Informationen aus den neuen Entdeckungen aufnahm, waren Martin Waldmüllers Karten von Nord- und Südafrika (Tabula Moderna Prime Partis

Aphricae und Tabula Moderna Secunde Porcionis Aphrice), die in Waldmüllers und Matthias Ringmans Ausgabe von Ptolemäus' Geographia von 1513 erschienen.
Doch erst in Sebastian Münsters Ausgabe der Geographia von 1540 erschien eine moderne Karte des gesamten afrikanischen Kontinents.[7]

Bedeutende Weltkarten, die den Kontinent Afrika zeigen
Die Kartierung Afrikas im fünfzehnten und frühen sechzehnten Jahrhundert stützt sich weitgehend auf den Aufzeichnungen der portugiesischen Forschungsreisen, die ich bereits aufgeführt habe. Seit dem Beginn der portugiesischen Expansion, nach der Eroberung von Ceuta an der nordafrikanischen Küste, sammelte die portugiesische Krone gewissenhaft Informationen aus den Reisen, indem sie ihre Karavellenpiloten ausdrücklich dazu verpflichtete, die Karten kontinuierlich zu ergänzen und, wenn möglich, die genauen Höhen durch häufige Vermessungen vom Land aus zu bestimmen. Das Ergebnis war ein allgemeines, praktisches Weltbild, das auf den Erfahrungen der Seefahrer beruhte und nicht nur auf antiken Quellen wie Ptolemäus zurückgriff.
Alle diese neuen Informationen über Afrika wurden in den "Padrão Real" eingetragen, dem königlichen kartographischen Standardprototyp, der in den „Armazéns da Guiné e Índias“ in Lissabon aufbewahrt wurde.[1]
Karten, die auf dem Padrão Real basierten, wurden an Seefahrer in königlichen Diensten ausgegeben.
Das Armazém da Guiné e Indias war der neue Name für das Marinearsenal. Ihm wurden alle nautischen Aufgaben übertragen, d. h. der Betrieb der Lissabonner Werften, der Bau von Schiffen, die Anwerbung und Ausbildung von Besatzungen und die Versorgung der Flotten mit Ausrüstung - Segeln, Seilen, Kanonen, nautischen Instrumenten und natürlich der Karten.
Diese Karten wurden ständig auf dem aktuellsten Stand gehalten und mit jeder neuen Entdeckung ergänzt.

Unter Androhung der Todesstrafe durften diese Geheimnisse nicht preisgegeben werden wird immer wieder behauptet, wenn das Fehlen portugiesischer Karten erklärt werden soll.
Allerdings schienen diese Androhungen, falls sie wirklich existierten, nicht gerade sehr wirksam gewesen zu sein.
Wie bekannt und beschrieben, waren Informationen über die neuen portugiesischen Entdeckungen den Italienern und anderen außerhalb Portugals oft innerhalb weniger Jahre, wenn nicht sogar innerhalb weniger Monate, nach den eigentlichen Entdeckungen bekannt.
Ganz anderer Meinung ist diesbezüglich Jorun Poettering .Er beschreibt das Fehlen von portugiesischem Kartenwerk jener Zeit mit dem ständigen Gebrauch desselben und der damit verbundenen Abnutzung.
Weiterhin führt er aus, dass es doch wohl im Interesse Portugals stand die neuendeckten Gebiete durch Karten bekannt zu machen, denn „dies mehrte nicht nur den Ruhm des portugiesischen Königs, sondern trug auch zur Festschreibung seiner Besitzansprüche bei“.[2]
Es ist davon auszugehen, dass die Italiener die portugiesische Expansion um Afrika auf der Suche nach asiatischen Gewürzen und anderen Handelsgütern als direkte Bedrohung für Italiens nahezu vollständiges Monopol auf den Handel mit dem Osten ansahen. Viele Jahre lang hatten die Italiener und insbesondere die Venezianer ein Monopol auf den Kauf von Gewürzen von den moslemischen Händlern des Mamelukenreiches in Ägypten und Syrien, die ihrerseits die Gewürze weiter im Osten bezogen.
Infolgedessen setzten die Italiener alles daran, aktuelle Informationen über die portugiesischen Entdeckungen und ihre zukünftigen Forschungspläne zu erhalten.
Bestechung und sogar Diebstahl waren gängige Mittel, um über die zahlreichen italienischen Diplomaten und Handelsagenten in Portugal an Informationen über diese kartografischen Aufzeichnungen zu gelangen.
Im Zusammenhang mit der Verbreitung portugiesischer kartografischer Informationen stellt sich aber die Frage, warum nur so wenige der direkt von den Portugiesen erstellten Karten und Pläne

erhalten geblieben sind. Wie bereits erwähnt gibt es dazu verschiedene Thesen, die sich nicht mit Sicherheit belegen lassen. Heute sind die einzigen Belege für portugiesische Kartografie aus dieser Zeit das Werk von Pedro Reinel, das ein Gebiet des heutigen Zaire zeigt (die undatierte Karte stammt wahrscheinlich aus der Zeit zwischen 1484 und 1492), und eine Karte von Jorge de Aguiar aus dem Jahr 1492.
Das königliche Edikt vom 13. November 1504 hat die Anfertigung von Seekarten, die Details südlich des Kongo-Flusses zeigten, verboten und einen Rückruf der vorhandenen Karten angeordnet, um die Streichung spezifischen Informationen zu ermöglichen.
Diese Maßnahme diente aber eher der Normierung der Karten als deren Geheimhaltung führt
J. Poettering aus.[2]
Diese Zerstörung vieler Karten wurde leider auch durch ein schweres Erdbeben herbeigeführt, das im Jahr 1755 große Teile Lissabons und dabei vermutlich auch einen Großteil der noch vorhandenen portugiesischen kartografischen Aufzeichnungen vernichtete. Glücklicherweise aber ist der größte Teil der kartografischen Aufzeichnungen aus dieser Zeit durch italienische Kopien portugiesischen Quellenmaterials erhalten geblieben, oder, wie im Fall der Weltkarte von Martin Waldmüller aus dem Jahr 1507, durch Kopien portugiesischer Karten, die über Italien kamen.
Die Auflistung der nun folgenden Karten soll das sich in Europa entwickelnde Verständnis von Afrika zeigen. Ihre Bedeutung liegt auch darin, dass sie als aufeinander folgende Prototypen für spätere Karten des Kontinents dienen.
Traditionell und seit der Antike war die Ostküste Afrikas besser kartiert als die Westküste, was auf Informationen zurückzuführen war, die man in Europa indirekt aus arabischen und islamischen Quellen erhalten hatte. Dies änderte sich allmählich, als weitere Informationen von den europäischen Entdeckungsreisen zu einer neuen Sicht auf Afrika führten.[3]

Henricus Martellus Germanus, Weltkarte 1489
Die Weltkarte des Marcellus ist in vier Exemplaren erhalten.
Eine davon befindet sich in in der British Library, eine weitere in der Universitätsbibliothek Leiden und eine dritte in der Biblioteca Medicea Laurenziana, Florenz Die vierte und letzte ist ein Exemplar in einer viel größeren, separaten Version in der Yale University Library, New Haven.
Henricus Martellus, ein in Florenz tätiger deutscher Kartograph, fertigte in einem Manuskript eine Weltkarte an, die besonders wegen ihrer Darstellung des afrikanischen Kontinents von Bedeutung ist. Obwohl Martellus das Kap der Guten Hoffnung mit mehr als 40 Grad südlicher Breite zu weit südlich platzierte, zeichnete er ein neues Bild der Nord-Süd-Ausdehnung des afrikanischen Kontinents, mit Ausnahme des noch unerforschten Gebiets entlang der Südostküste.
Martellus stützte seine eigene Weltkarte wahrscheinlich auf eine frühere Weltkarte von Nicolaus Germanus, nutzte aber auch die aktuellen geografischen Informationen, die damals zwischen Portugal und Italien ausgetauscht wurden.
Als Teil der neuen Darstellung von Afrika durch Martellus ist dies die früheste bekannte handschriftliche Karte, die die Umrundung und Entdeckung des Kaps der Guten Hoffnung durch Bartolomeu Dias Anfang 1488 zeigt.
Sie enthält 30 neue Namen bis zur Ilha de fonti, die Dias unmittelbar nördlich des höchsten Punktes sah, den er vor der Einfahrt in den Indischen Ozean erreichte.[1]
Neben diesem Punkt befindet sich eine Legende, die besagt: "Bis hierher, neben Ilha de fonti, kam die letzte portugiesische Expedition im Jahre des Herrn 1489".
An der Westküste Afrikas gehen viele der zahlreichen neuen Ortsnamen auf die Entdeckungen von Diogo Cào und Bartolomeu Dias zurück.
Die Ostküste, insbesondere die nicht kartierte Südostküste, beruht dagegen auf nicht modernen Quellen.

Es gibt keinen Hinweis darauf, dass Martellus die Berichte von Pèro da Covilha kannte, den der portugiesische König auf dem Landweg an die Ostküste Afrikas geschickt hatte.
Die Ortsnamen an der Ostküste, Raptu Promontorium und Prassum Promontorium, sind ptolemäischen Ursprungs. Auch das Innere Afrikas wurde von den ptolemäischen Konventionen beeinflusst, darunter ein Nilsystem, das in den Zwillingsseen und den Mondbergen entspringt.[2]
Wie Schriften seines Sohnes Ferdinand vermuten lassen, besaß und studierte Christoph Kolumbus die Weltkarte des Martellus, bevor er sich auf seine Reise nach Westen machte.
Wahrscheinlich hatte Kolumbus diese Karte auch bei der Reise dabei.[3]

Francesco Rosselli, Florenz, etwa 1492-1493
Die Weltkarte von Rosselli ist in einem Exemplar in der Bibliotheca Nazionale Centrale in Florenz erhalten. Es handelt sich um eine Kupferstichkarte im Format 37,5 cm x 52,5 cm.
Es ist die früheste gedruckte Karte, die die Umrundung und Entdeckung des Kaps der Guten Hoffnung durch Bartolomeu Dias im Jahr 1488 und den möglichen Seeweg zu den Indischen Inseln zeigt.
Diese Karte verzerrt die südöstliche Projektion der afrikanischen Landmasse und ehrt damit eine seit frühester Zeit bestehende ptolemäische Vorstellung von einer Landmasse, die sich nach Osten erstreckt. Bei dieser Konfiguration des südlichen Afrikas liegt der Längengrad für das Kap der Guten Hoffnung viel zu weit im Süden und Osten.
Auch Rossellis Ortsnamen für Ostafrika folgen Ptolemäus und nicht moderneren Quellen.
Er setzt ein Prassum promoroum und ein Raptum promoroum auf die beiden Kaps an der ostafrikanischen Küste, zusammen mit einem Hinweis auf die Völker dieser Region als „Anthopophagi Ethiopes“. Ebenfalls von Bedeutung ist, dass Madagaskar auf der Karte vor der südostafrikanischen Küste und Sansibar direkt darunter eingezeichnet ist.

Diese Platzierung beruht eindeutig auf mittelalterlichen Erkenntnissen, einschließlich Informationen über Madagaskar, die Marco Polo gehört und in seinen Schriften erwähnt hatte.
Eine genauere Lage dieser beiden Inseln war den Europäern erst bekannt, als die Flotte von Cabral Madagaskar und die von Da Gama Sansibar ansteuerte.[1]

Martin Behaim, Globus 1492
Der Behaim-Globus befindet sich im Germanischen Nationalmuseum in Nürnberg.
Es handelt sich um die älteste heute noch erhaltene Erdkugel aus Europa, obwohl es seit der Antike Hinweise auf verschiedene Globen gab.
Der Globus weist zahlreiche Ähnlichkeiten mit den Martellus- und Rosselli-Karten auf.
Behaim hatte wahrscheinlich Zugang zu der gedruckten Rosselli-Karte als Quelle, aber im Gegensatz zu Martellus und Rosselli lebte er tatsächlich in Lissabon und stand von 1484 bis kurz vor seinen Rückkehr nach Nürnberg, wahrscheinlich im Frühjahr 1490, um seinen Globus vorzubereiten und fertigzustellen, mit Gelehrten, die den König berieten, in Kontakt.
Ein großer Teil der Bedeutung des Behaim-Globus liegt in seiner Kugelgeometrie und in den Fertigkeiten der eigentlichen Globenbauer, den Herren Glockengiesser und Kalperger.
Während der Globus die Umrisse Afrikas im Großen und Ganzen in Übereinstimmung mit den Karten von Martellus und Rosselli abbildet, verwendet Behaim die geografischen Kenntnisse, die auf den beiden vorangegangenen Karten zu sehen waren, nicht getreu deren Vorgaben.
Sein Umriss des südlichen Afrikas unterscheidet sich deutlich von den beiden früheren Karten und weist eine übertriebene Ausdehnung des südöstlichen Teils des Kontinents auf.
Trotz seiner Anwesenheit in Lissabon an der Quelle des Wissens liefert Behaim ungenaue Informationen über die atlantischen Inseln vor der westafrikanischen Küste. Er gibt fälschlicherweise an, dass die Zuckerproduktion auf den Azoren und nicht auf Madeira

stattfand, Des weiteren findet man bei ihm einige mystische Inseln in diesem Gebiet, wie die Insula de sant brendan (wahrscheinlich in Bezug auf die Legende von dem irischen Mönch Brendan) und die „Insula Antillia“.[1]
Die Insula Antillia erscheint zum ersten Mal ausdrücklich als große rechteckige Insel in der Portolankarte von Zuane Pizzigano aus dem Jahr 1424. Danach taucht sie regelmäßig in den meisten Seekarten des 15. Jahrhunderts auf. Nach 1492, als der Nordatlantik routinemäßig befahren und genauer kartiert wurde, verschwanden die Darstellungen von Antillia nach und nach.
Dennoch gab sie den spanischen Antillen ihren Namen.
Die Inschrift auf dem Behaim Globus erzählt:
Im Jahre 734 nach Christi Geburt, als ganz Spanien von den Schurken Afrikas überrannt wurde, wurde die Insel Antillia, die auch die Insel der sieben Städte genannt wird, vom Erzbischof von Porto mit sechs anderen Bischöfen und einigen männlichen und weiblichen Gefährten besiedelt, die mit ihrem Vieh und ihrem Besitz aus Spanien flohen. Im Jahr 1414 näherte sich ein spanisches Schiff dieser Insel.[2]

Juan de la Cosa, Weltkarte 1500
Die Weltkarte von De la Cosa befindet sich im Museo Naval in Madrid.
Sie ist auf zwei Pergamentblättern in Form eines illuminierten Manuskripts zu einer Karte zusammengestellt und misst 99,5 cm x 177 cm.
Juan de la Cosa fertigte diese Karte im Jahr 1500 im Hafen von Santa Maria in der Nähe von Cádiz an.
De la Cosa war Eigner und Lotse (Pilot) des Schiffes "Santa Maria" und begleitete Kolumbus auf seinen ersten beiden Reisen in die Neue Welt.
Vor allem im Vergleich zu den früheren Karten korrigierte De la Cosa die Form Afrikas in Richtung einer viel genaueren Ausrichtung. Er änderte die Einordnung von der südöstlichen Schräglage der früheren Karten und beseitigte damit die letzten Spuren des ptolemäischen Einflusses auf den Umriss des Kontinents.

De la Cosa verlegte auch zum ersten Mal die Äquatoriallinie korrekt durch Afrika.
Neben diesen Verbesserungen gab es aber auch einige bemerkenswerte Probleme.[1]
Anstatt das Kap der Guten Hoffnung wie auf den vorherigen Karten zu weit südlich zu platzieren, verschob er es um etwa 6 Grad nördlich seines korrekten Breitengrades, wodurch die Form Afrikas an der Unterseite leicht abgeflacht wurde.
Dies führte zu einer kürzeren Entfernung zwischen Guinea und dem Cabo de Boa Esperanca (Kap der Guten Hoffnung).
Auch östlich des Rio do Ynfante (des Großen Fischflusses) an der Südostküste ist die Toponomie schwer zu erkennen.
De la Cosa verwendete einige Ortsnamen portugiesischen Ursprungs. Von Da Gamas Landungen in Südostafrika ist jedoch nichts zu sehen.
Offensichtlich fügte er auch Ortsnamen aus lokalen Sprachen und traditionellen Quellen hinzu, sowie solche, die er erfunden hatte. Zudem befinden sich die Inseln Sansibar und Madagaskar weit vor der afrikanischen Küste entfernt im Indischen Ozean.[2]

Alberto Cantino, Weltkarte 1502
Die Cantino-Planisphäre befindet sich in der Biblioteca Estense Universitaria in Modena. Sie ist auf drei Pergamentblättern abgebildet, beleuchtet und zu einer Karte zusammengefügt.
Ihre Größe misst : 22 cm x 105 cm.
Diese anonyme Karte wurde von Alberto Cantino in Lissabon erworben, wo er als diplomatischer Vertreter des Herzogs von Ferrera, Ercole dÈste, tätig war.
Wahrscheinlich hat Cantino die Karte im Sommer 1502 (das genaue Datum geht aus den vorhandenen Aufzeichnungen hervor) heimlich von einem unbekannten portugiesischen Kartographen erhalten und sie aus Portugal herausgeschmuggelt.
Die Cantino-Karte wurde vom „Padrão Real“ kopiert, dem königlichen kartographischen Prototyp, der in den „Armazéns da Guiné e Índias“ aufbewahrt wurde.
Die Planisphäre von Cantino ist die erste, die eine moderne

Darstellung des afrikanischen Umrisses liefert.
Der unbekannte Autor hat den Äquator und die Breitengrade der Wendekreise des Krebses und des Steinbocks mit großer Genauigkeit eingezeichnet.
Die Küstenlinien Afrikas wurden zwischen 1484 und 1499 während der Entdeckungsreisen, vor allem von Diogo Cào, Bartolomeu Dias und Vasco da Gama, vermessen.
Diese Arbeit führte zu einer Afrikakarte, die eine bis dahin unbekannte Genauigkeit für die Küstenlinien und die korrekte Platzierung der entsprechenden Namen für die Häfen auf dem Weg nach Osten aufwies.
Die Karte ist auf dem neuesten Stand und enthält Informationen über die portugiesischen Entdeckungen vor dem Sommer 1502.
Sie verzeichnet 68 Ortsnamen vom Zaire-Fluss bis zum Kap der Guten Hoffnung, doppelt so viele wie auf der Martellus-Karte und etwa 20 mehr als auf der Da la Cosa-Planisphäre.[1]
Das Kap der Guten Hoffnung, das von Martellus zu weit nach Süden und von Juan de la Cosa zu weit nach Norden verlegt wurde, ist auf dieser Planisphäre genau dargestellt.
Dies ist die früheste Karte, auf der die jüngsten Entdeckungen von Da Gama und Cabral, insbesondere an der Südostküste Afrikas, exakt dargestellt sind.
Neben detaillierten topografischen Informationen entlang der Küsten gibt es eine Reihe von Legenden im Landesinneren, die Informationen über die portugiesischen Aktivitäten mit Afrikanern enthalten.
In S. Jorge da Minas (den Goldminen von Mina) wird beispielsweise über den portugiesischen Handel mit Guinea sowie über die dort vorkommenden Mineralien geschrieben, jenen Informationen die den Portugiesen zur Verfügung standen.
Im Königreich Kongo wird über die Missionsbemühungen von Diego Cào im Jahr 1491 berichtet.
Das Königreich von Priesterkönig Johannes in Ostafrika ist zum ersten Mal auf seiner Planisphäre abgebildet.[2]
Unter der Windrose in der Mitte Afrikas befindet sich eine Legende, die das Land von Priesterkönig Johannes identifiziert. Da der

ursprüngliche Kartograph weder die Ausdehnung Äthiopiens noch die Größe des Landes von Priesterkönig Johannes kannte, nahm er wahrscheinlich an, dass sich dieses Königreich über den größten Teil Zentral- und sogar Südafrikas erstreckte.
Die Verwirrung über die übertriebene Ausdehnung Äthiopiens und des Landes von Priesterkönig Johannes sollte sich bis weit ins siebzehnte Jahrhundert fortsetzen. Dies führte dazu, dass immer wieder Namen auftauchten, die eigentlich mit Ostafrika in Verbindung gebracht werden sollten, aber zu weit südlich platziert wurden.[3]

Nicolo de Caveri, Weltkarte 1504-1505
Die Planisphäre von De Caveri befindet sich in der Bibliothèque Nationale de France in Paris. Sie ist auf zehn Pergamentblättern abgebildet, beleuchtet und zu einer Karte in der Größe von 115 cm x 225 cm zusammengefügt.
In der Mitte der Karte befindet sich ein symbolisches Mappaemundi, das in Afrika platziert ist und von dem Loxodromen ausgehen, die mit den Kompassrosen verbunden sind, die Afrika umkreisen.
Die Tatsache, dass die Konfiguration und Nomenklatur der Karte nahezu identisch mit der Cantino-Planisphäre ist, die 1502 in Lissabon angefertigt wurde, bedeutet, dass De Caverip wahrscheinlich Zugang zu einem unbekannten gemeinsamen portugiesischen Prototyp hatte.
Buchstäblich Hunderte von Ortsnamen säumen die Küsten, zusammen mit symbolischen Darstellungen der Orte, an denen die Portugiesen ihre Steinsäulen (Padraos) aufstellten.
Wie bei der Cantino-Planisphäre sind die Küstenlinien Afrikas bemerkenswert genau.
Im Gegensatz zu Cantino zeigt die Karte von De Caveri jedoch das Rote Meer, das die Portugiesen noch nicht erforscht hatten, mit einer mittelalterlichen West-Ost-Ausrichtung, die die Gesamtform Afrikas verbreitert.
De Caveris Planisphäre war in den folgenden 25 Jahren die Quelle für eine Reihe von Karten, vor allem für die 1507 gedruckte zwölf blättrige Weltkarte von Martin Waldseemüller.

Die Nomenklatur und die Umrisse von De Caveri sind in der Waldseemüller-Karte von 1507 und noch mehr in Waldseemüllers Carta Marina von 1516 erkennbar.
Diese Karten dienten dazu, den Europäern ein Bild von Afrika zu vermitteln, bis Nachrichten über weitere Erkundungen der Portugiesen, insbesondere an der ostafrikanischen Küste, die Küstenkartographie Afrikas korrigierten und vervollständigten.[1]

Giovanni Contarini-Francesco Rosselli, Weltkarte Venedig oder Florenz 1506

Das einzige Exemplar der Contarini- Rosselli-Weltkarte befindet sich in der British Libray in London
Es handelt sich um eine Kupferstichkarte in der Größe von 42 cm x 63 cm.
Diese Karte wurde von Giovanni Matteo Contarini entworfen und von Francesco Rosselli gestochen. Sie wurde separat veröffentlicht und das einzige bekannte Exemplar wurde erst 1922 wiederentdeckt.
Die Karte stellt ein Afrika dar, das in Form und Ausrichtung der Planisphäre von Cantino und De Caveri ähnelt.
Es ist die erste gedruckte Weltkarte, die die Entdeckungen von Da Gama und Cabral zeigt, insbesondere entlang der Südostküste Afrikas.
Obwohl Contarini für den Umriss Afrikas neue Informationen verwendete, stützte er sich bei der Darstellung des Landesinneren wie so viele andere aus dieser Zeit auf die Geographia des Ptolemäus.
Die beiden Quellseen des Nils werden traditionell nebeneinander dargestellt, wobei mehrere Ströme aus den weiter südlich gelegenen Mondbergen in sie fließen.
Contarini fügt westlich und südwestlich des Mondgebirges zwei weitere Seen hinzu, die sich schließlich mit dem Nil verbinden.
Der Niger in Westafrika ist durch Seen an seiner Ost- und Westseite verbunden.
Generell ist seine Darstellung des hydrographischen Systems des Landesinneren verwirrend und scheint nicht auf früheren Quellen zu beruhen.

Contarini zeigt drei Flüsse, die in Richtung der südostafrikanischen Küste fließen und ihren Ursprung in den Bergen haben (ohne Quellseen), und einen, der in Richtung der südostafrikanischen Küste fließt (anders als auf früheren Karten).
Dieser südwestliche Fluss, S.Tiago, könnte laut Randles[1] ein Hinweis auf den Fluss Samtiagua in der Nähe der Stelle sein, an der Da Gama in der St. Helena`s Bucht (nicht zu verwechseln mit der Insel St. Helena) landete.
Von den drei Flüssen, die in Richtung Südosten verlaufen, gibt er außerdem an, dass der nördlichste Fluss der Rio Dos Bons Sinais ist, der von Da Gama so benannt wurde und heute nicht mehr bekannt ist.
Die beiden anderen Flüsse sind nicht bekannt, und da Da Gama sie nicht erwähnt, vermutet Randles, dass die Informationen über sie aus arabischen Quellen stammen könnten.
Zwischen den beiden Flüssen im südlichen Afrika gibt es eine Stadt namens Vigict Magna.
Randles glaubt, dass Vigict möglicherweise eine Verballhornung des Flusses Wanshit in Abessinien ist, was wiederum zeigt, wie sehr die Europäer das Gebiet Äthiopiens übertrieben und bis weit ins südliche Afrika hinein ausgedehnt haben.[2]

Martin Waldseemüller, Weltkarte, Straßburg 1507
Das einzige bekannte Exemplar der Waldseemüller-Weltkarte befindet sich in der Library of Congress, Washington, DC.
Die Weltkarte ist auf 12 holzgeschnittenen Blättern in der Größe von 132 cm x 236 cm gedruckt
Der Titel der Karte lautet: Universalis Cosmographia Secundum Ptholomaei Traditionem Et Americi Vespucu Alioruque Lustrationes.
Martin Waldseemüller (1470 - 1518) war der wohl einflussreichste Kartograph der ersten Hälfte des sechzehnten Jahrhunderts. Seine Wandkarte, von der nur ein einziges Exemplar bekannt ist, scheint zu ihrer Zeit ein großer Erfolg gewesen zu sein, wenn man die vorhandenen Belege betrachtet.
Auf diese Karte folgte rasch seine Ausgabe der Geographia von Ptolemäus aus dem Jahr 1513, die moderne Karten des nördlichen

und südlichen Afrikas enthielt. Sowohl die Wandkarte als auch die beiden modernen Karten aus der Geographia scheinen eine gemeinsame Quelle bei De Caveri oder bei Cantino zu haben und wurden wahrscheinlich etwa zur gleichen Zeit erstellt.
Auf der Wandkarte demonstriert Waldseemüller eine gründliche Kenntnis der jüngsten Entdeckungen in der Welt.
Unterstützt wurden er und die anderen Mitglieder seines akademischen Kreises in St. Die bei Straßburg von ihrem Gönner Renè II, Herzog von Lorainne.
Renè II übergab Waldseemüller zahlreiches Quellenmaterial, das er von seinen Agenten, die wahrscheinlich in Italien ansässig waren, erhalten hatte.
Neben einer Kopie der oben erwähnten Karte von De Caveri wurden auch Abschriften von Briefen verschiedener Forscher und Reisender an Waldseemüller gesandt.[1]
Von der Planisphäre De Caveri übernahm Waldseemüller die Form, die Ortsnamen der Küsten und die Legenden für seine Darstellung von Afrika.
Die beiden Karten stimmen in vielen Details überein, darunter die gleiche Platzierung der Padroes, der Elefant im südlichen Afrika (der auch von Sebastian Münster für die Afrikakarte in seiner Geographia von 1540 verwendet wurde) und die portugiesischen Fahnen auf den Inselgruppen vor der Westküste Afrikas.
Die Ähnlichkeiten sind so groß, dass Fischer[2] sogar vermutet, dass es sich bei der von Waldseemüller verwendeten Karte um die von De Caveri[3] selbst handelt, die sich heute in der Bibliothèque Nationale befindet.
Obwohl Waldseemüller aktuelle Informationen aus der Planisphäre De Caveri verwendete, stand er damals noch ganz im Banne der ptolemäischen Weltanschauung und konnte sich infolge dessen nicht entschließen, in Gebieten, welche zur ptolemäischen »Ökumene» gehörten, wie Indien, von dessen obersten wissenschaftlichen Autorität zu Gunsten neuer Berichte abzuweichen.[3]
Noch in der Ptolemäus-Ausgabe von 1513 und sogar noch auf der Carta marina von 1516 fühlte sich Waldseemüller veranlasst, ein Abweichen von der ptolemäischen Tradition zu rechtfertigen.[4]

Er setzt die Längengradfehler des Ptolemäus fort, obwohl einige davon in seiner Carta Martina von 1516 korrigiert wurden. Zum Beispiel bezieht er Ptolemäus' Prassum Promontor (promoroum) direkt nördlich des Padrao in Mosambik ein.
Um deutlich zu machen wie sehr sich Waldseemüller an die Karte von De Cavieri angelehnt hat, zitiere ich Joseph Fischer:
„Die Übereinstimmung zwischen der Carta marina und der Canerio-Karte ist eine so tiefgehende und allseitige, dass man direkt sagen kann: Die Carta marina Waldseemüllers ist eine gedruckte Ausgabe der Canerio-Karte (andere Schreibweise für De Caveri), allerdings nicht ein sklavischer Abdruck, sondern eine verbesserte und in Bezug auf das Innere der Kontinente stark vermehrte Ausgabe“.[5]
Waldseemüllers Darstellung des Landesinneren basiert häufig auf dem klassischen Verständnis von Afrika, das in Ptolemäus' Geographia enthalten ist.
Arabische Quellen scheint er bei seinen Darstellungen des Landesinneren und der Küste Ostafrikas nicht verwendet zu haben.
Zu diesem Zeitpunkt hatten die Portugiesen an den Küsten Afrikas und im Landesinneren, insbesondere im Kongo, im südlichen Afrika und in Abessinien, noch keinen nennenswerten Einfluss ausgeübt.
Eine primäre Quelle für das Landesinnere, die Waldseemüller nutzte, war der Egyptus Novelo, eine "moderne" Karte von Groß-Äthiopien, die von Pietro del Massaio gezeichnet wurde und deren Informationen Del Massaio von abessinischen Mönchen erhielt, die sich anlässlich des Kirchenkonzils von 1441 in Florenz aufhielten.[6]
Es ist wichtig zu wissen, dass die Karte von Egyptus Novelo nicht maßstabsgetreu gezeichnet war und dass die von den Mönchen gelieferten Details von Abessinien den größten Teil des zentralen und südlichen Afrikas umfassen. Die aus abessinischen Quellen abgeleiteten geografischen Angaben und Ortsnamen für Abessinien umfassten also einen Großteil des riesigen unbekannten zentralen und südlichen Inneren Afrikas.
Diese Darstellung eines riesigen Abessinien weit im Landesinneren und im Süden, die zur Verwechslung zahlreicher Ortsnamen führte, sollte sich bis weit in das siebzehnte Jahrhundert hinein halten.
Die beiden Quellseen des Nils, die als Paludes Nili bezeichnet

werden, befinden sich nach gängiger Auffassung unmittelbar südlich des Äquators bei den Bergen des Mondes.
Diese Berge weisen auch zwei Flüsse auf, die von ihnen zur Südostküste fließen, den Rio S, Vincenco und den Rio de Lago.
Der Rio S, Vincenco wurde als Pungwe-Fluss und den Rio de Lago als der Umbelasi-Fluss identifiziert.[7]
Im Hochland von Abessinien platziert Waldseemüller einen weiteren See am Äquator, der mit dem Nil verbunden ist. Dieser wurde als Tana-See bestimmt, die eigentliche Quelle des Blauen Nils. Erst später im siebzehnten Jahrhundert wurde der Tana-See richtig in die Nähe des Äquators gelegt. Waldseemüller führt zahlreiche Ortsnamen am und um das Quellgebiet des Nils sowie einen allgemeinen Namen für die sich weit nach Süden erstreckende Region auf, die er Ethiopia Interior, nennt..
Ein weiteres Merkmal auf der Karte von 1507, die dem Egyptus Novelo entlehnt ist, ist ein See westlich des „Mons Lune“ (Mondgebirge) mit einem Fluss, der nach Norden fließt und in einem anderen See in der Sahara endet. Dieser See wird als Sachaf Lacus bezeichnet und war bis weit ins siebzehnte Jahrhundert hinein ein häufiges Merkmal auf Karten, die das Landesinnere darstellen.[8]
Abseits von Afrika liegt die Besonderheit der Waldseemüller Karte darin, das auf ihr erstmals der Doppelkontinent mit der Ersteintragung des Namens „Amerika“ auf einer Weltkarte erschien, ebenso wie der Pazifische Ozean auf einer Karte benannt wurde.
Aufgrund der erstmaligen Erwähnung „Amerikas“ waren die USA stark daran interessiert diese Karte zu kaufen, die sich nach seiner Wiederentdeckung durch Joseph Fischer im Jahr 1901 auf Schloss Wolfegg, im Besitz des Hauses zu Waldburg-Wolfegg und Waldsee befand.
Dies war jahrzehntelang aufgrund des Kulturschutzgesetzes nicht möglich.
Erst am 27.Juni 2001 wurde die Karte aber dann doch für 10 Millionen US Dollar verkauft.
Der Ausfuhrschutz für national wertvolles Kulturgut gemäß dem Kulturgutsschutzgesetz (Deutschland) wurde, begleitet von öffentlicher Kritik, durch eine Sondergenehmigung der

Bundesrepublik Deutschland und des Landes Baden-Württemberg aufgehoben.[9]
Gerhard Schröder hatte sich persönlich für eine Ausnahmeregelung eingesetzt.[10]
2005 wurde die Karte von
der UNESCO zum Weltdokumentenerbe erklärt.[9]

Übersicht der gedruckten Karten von Afrika von 1505 bis 1700
Nach der Waldseemüllerkarte möchte ich mich von den Weltkarten den alleinigen Afrika Karten zuwenden
Betz teilt die in seiner Bibliografie (Mapping of Africa) vertretenen Karten anhand von Schlüsselmerkmalen auf den Karten in sechs allgemeine Kategorien oder kartografische Modelle ein, die ich hier gerne übernehmen und etwas erweitern möchte.
Zu diesen Merkmalen gehören die Darstellung der Form des Kontinents, Informationen über die Hydrographie (Seen und Flusssysteme), die Verwendung von Gebirgszügen und das Auftreten von regionalen Namen, Ortsnamen und anderen Texten auf der Karte.

Erste Karten vom anonymen Holzschnitt um 1505 bis zu Sebastian Münster 1540
Die ersten gedruckten Karten, die hauptsächlich den afrikanischen Kontinent zeigten, waren grobe Holzschnitte.
Um 1505 erschien ein anonymer Holzschnitt auf der Vorderseite eines Rundbriefs (Den rechten weg ausz zu faren von Liszbona gen Kallakuth, von meyl zu meyl (Der rechte Weg um von Lissabon nach Calicut zu fahren, Meile nach Meile...)).
Die Veröffentlichung dieses Rundbriefes wird, obwohl nicht angegeben, Nürnberg zugeschrieben, da ein Symbol (N) für diese Stadt auf der Karte platziert wurde. Diese Platzierung ist eigentlich merkwürdig und unüblich, es sei denn, sie hatte eine Bedeutung für den Herausgeber.
Im Jahr 1505 waren die Deutschen, insbesondere die Nürnberger, durch ihre Unterstützung des portugiesischen Königs stark in den Indienhandel involviert.

Die Bankhäuser Welser, Fugger und Imhof investierten in die Lissabonner Gewürzflotte und unterhielten ständige Vertreter in Lissabon.[1]
Aller Wahrscheinlichkeit nach waren Agenten einer oder aller dieser Firmen für die relativ rasche Weitergabe von Informationen von Lissabon nach Nürnberg verantwortlich, insbesondere über die Da Gama- und die bevorstehenden Da Albuquerque- und Da Cunha-Reisen nach Indien.
Der Wortlaut, die Beschriftung und die Nummerierung der Karte deuten darauf hin, dass das Mitteilungsblatt in Eile gedruckt wurde, um diese Informationen schnell zu verbreiten und deutsche Investitionen in den Ostindienhandel zu fördern.[2]
Nach diesem anonymen Holzschnitt erschien 1508 die erste Karte, die nur Afrika zeigte.
Antonio Francanzano da Montalbodo veröffentlichte sie auf dem Titelblatt seinen Buches „ Itinerarium Portugallensium e Lusitania in Indiam indem occidentem demum ad aquilionem."
Ein anderer früher Holzschnitt einer Afrika Karte findet sich auf dem Titelblatt des Buches „Der welt kugel Beschrybung der welt und deß gantzen Ertreichs..., herin beschrieben mit vil seltzamen dingen", herausgegeben von Johannes Grüniger in Straßburg 1509. Der Kartograph und Autor dieser Karte ist nicht bekannt. Hier, wie auch schon bei der vorherigen Karte von da Montalbodo spekulieren Wissenschaftler über den Kartographen und bei diesen Spekulationen fällt immer wieder einmal der Name Martin Waldseemüller.
Die wohl bemerkenswerteste Karte Afrikas Mitte des 16. Jahrhunderts stammt von Sebastian Münster aus dem Jahr 1540. Sie ist zwar primitiv in ihrer Ausführung, ihre Bedeutung liegt aber in ihrer Verbreitung. Die Karte befand sich in den meistgelesenen Büchern Mitte des 16. Jahrhunderts, in Sebastian Münsters „Cosmographia" und „Geographia".[3]

Die wegweisenden Karten von Gastaldi und Ortelius

Der nächste große Fortschritt bei der Kartierung Afrikas wurde von Giacomo Gastaldi in Venedig erzielt. Gastaldi erstellte 1548 detaillierte Karten von Nord- und Südafrika und 1554 eine Karte von

Afrika in einer Ausgabe von Giovanni Ramusios Delle Navigationi et Viaggi mit aktuellen geografischen Informationen.
Die kleineren Karten gipfelten in Gastaldis acht blättriger Wandkarte von Afrika aus dem Jahr 1564. Diese Karte ist ein Zeugnis der italienischen Kartographie. Sie ist unbestritten die wichtigste und einflussreichste Afrikakarte des sechzehnten Jahrhunderts. Diese Karte stellt einen Quantensprung gegenüber Sebastian Münsters Afrikakarte von 1540 dar, die keinen direkten Einfluss auf künftige Kartographen hatte.
Der Antwerpener Abraham Ortelius verwendete die Gastaldi-Wandkarte als Vorlage für seine eigene Afrikakarte im Folioformat, die ab 1570 in seinem Theatrum Orbis Terrarum erschien.
Wie das Werk von Sebastian Münster etwa dreißig Jahre zuvor fand auch das Theatrum weite Verbreitung und wurde bis ins frühe siebzehnte Jahrhundert hinein in zahlreichen Ausgaben in einer Vielzahl von Sprachen gedruckt. Der enorme kommerzielle Erfolg des Theatrums trug dazu bei das Gastaldi-Bild von Afrika in den Köpfen der Europäer zu verankern.[1]
Das indessen das Werk nicht ohne Schwächen ist, ergibt sich schon daraus, dass Ortelius nicht in dem Sinne wie sein Zeitgenosse Mercator selbst Kartograph war.
Um die Stellung der Ortelius'schen Karten in der Geschichte der Erdkunde mit Gerechtigkeit zu bestimmen, muss man sich erinnern, dass Ortelius und Mercator zwei verschiedene Seiten der Geographie im 16. Jahrhundert vertraten. Beide schafften Neues in verschiedenen Richtungen. Die Bedeutung, welche Mercator für die Kartenentwurfslehre hat, darf Ortelius für die Ausbildung der historischen Kartographie und Geographie beanspruchen.
Aber wie jeder Fortschritt in der Methode wirksamer und dauerhafter als der Fortschritt in der Anwendung ist, so ist auch Ortelius Werk früher veraltet als das des Mercator. Die von W. Blaeu zu beiden Atlanten 1631 herausgegebene Zusätze folgen mehr dem Wegen des Mercator als des Ortelius, obwohl Blaeu beide auf eine Linie stellt.[2]
Eine merkwürdige Auslassung auf der Karte von Ortelius ist das Fehlen des Mondgebirges, das auf den meisten früheren Karten von Afrika zu finden ist.

Es scheint, dass Ortelius sich eng an Gastaldi anlehnte, der seinerseits das Mondgebirge auf seiner Wandkarte von 1564 nicht ausdrücklich aufführte.
In den frühesten ptolemäischen Karten und Texten wird das Mondgebirge als eine durchgehende Gebirgskette bei 12 Grad Süd dargestellt, die das alte bekannte Afrika von der terra incognita im Süden trennt. Als mehr über die südliche Ausdehnung des Kontinents bekannt wurde, wurde die Quelle des Nilsees in Afrika immer weiter nach Süden verlegt, so dass die Mondberge vielen Kartenmachern als Quelle für die Flussbecken des Spirito Santo (des heutigen Limpopo) und des Cuama (Sambesi) im Südosten erschienen.
Die Karten von Gastaldi und Ortelius dienten anderen Kartenmachern in Deutschland, Belgien und den Niederlanden, Frankreich und Italien bis weit ins siebzehnte Jahrhundert hinein als Vorlage für zahlreiche Karten von Afrika.[3]
Eines aber soll bezüglich des Theatrum Orbis Terrarum von Ortelius noch unbedingt angemerkt werden. Zitat:„Dem Großen hatte ein noch Größerer mit Kartenmaterial ausgeholfen: Gerhard Mercator".[4]
Der Begriff der Folio Karte wird uns noch einige weitere Male begegnen. Deshalb eine kurze Erklärung dazu:
Folio ist das Format für ein Buch oder einen Atlas. Der Begriff wird auch verwendet, um die Größe eines Buches zu beschreiben. Bei einem Folio wird das Papier einmal gefaltet, bevor es zum Buch gebunden wird. Bei einem Quarto-Format wird das Papier vor dem Einbinden in das Buch zweimal gefaltet: eine weitere Faltung wird als Octavo bezeichnet.
Wichtige Elemente des **Gastaldi-Ortelius-Modell** sind:
Nord-Süd-Korrektur in der Form von Afrika
Das Flusssystem des südlichen Afrikas wird abgebildet
Der westafrikanische Fluss Niger beginnt im Lacus Niger in Zentralafrika
Vermehrte Anzahl von Ortsnamen
Die Form des südlichen Subkontinents wird spitzer
Die Ausdehnung des Kontinents nach Osten wird deutlich reduziert (Ortelius)[5]
Fehlen der Mondberge

Das sich entwickelnde Verständnis von Afrika und die Mercator-Karte

Die nächste wichtige gedruckte Karte von Afrika der wir uns zuwenden ist der Afrika-Abschnitt von Gerhard Mercators berühmter Wandkarte der Welt von 1569.

Bei der Erstellung seiner Weltkarte scheint sich Mercator auf Waldseemüllers moderne Karten von Nord- und Südafrika von 1513, die Gastaldi-Wandkarte von 1564 und die anderen von Gastaldi erstellten Karten (die Karten von Nord- und Südafrika von 1548 und die Ramusio-Gastaldi-Karte von 1554) gestützt zu haben, was die allgemeine Form und die Küstenmerkmale angeht.

Mercators Karte weist vor allem entlang der Küstenlinie eine Genauigkeit auf, die von den meisten Kartographen des 16. Jahrhunderts nicht übertroffen wurde, auch wenn er Madagaskar im Nordosten als etwas zu langgestreckt darstellt.

Wie viele seiner Vorgänger nutzte Gerhard Mercator die Schriften von Ramusio, Leo Africanus und anderen für zusätzliche Details. Für seine Darstellung des afrikanischen Binnenlandes verwendete er auch klassische Quellen. Dazu gehört das Werk von Herodot, in dem er die Flusssysteme Westafrikas mit dem nördlicheren Fluss (Giras und dann Nubia-Fluss), der ostwärts in den Nil fließt, und dem südlicheren Fluss, den er als Nil (eigentlich der Niger) bezeichnet, der westwärts in den Atlantischen Ozean fließt, darstellt.

Mercator setzt auch die sich entwickelnde ptolemäische Tradition fort, indem er die Mondberge als Quellgebiete der beiden Nilseen im äußersten Süden Afrikas bezeichnet.

Unter Missachtung des Gastaldi-Ortelius-Modells, wie es in Gastaldis Karte von 1554 und Ortelius' Karte von 1570 zum Ausdruck kommt, stellt Mercator die Quelle des Cuama-Flusses (Sambesi) und des unbenannten Spirito Santo (Limpopo) als einen gemeinsamen Fluss, den Sambesi, dar, der in einem Sac(haf)-See entspringt, und nicht in dem westlichen ptolemäischen See Zembere, und er platziert diesen dritten See, den Sachaf, westlich der Mondberge.

Interessanterweise ist dieser dritte See auch eine Quelle für den Nil und den Zaire (Kongo)-Fluss im Westen. Teilweise, aufgrund der

Bedeutung des Mercator-Namens, tauchte „Sachaf Lacus“ bis ins späte siebzehnte Jahrhundert hinein in Karten von Afrika auf.
Wichtig ist, dass Mercator auch einen Fluss nördlich oberhalb des Cuama angibt, den Zuama, der in den Afrikakarten des späten siebzehnten Jahrhunderts, insbesondere in denen der Franzosen, zu einem genauer gelegenen Sambesi werden sollte (Ortelius hatte auf seiner Karte auch einen Zuama fl. eingezeichnet, doch scheint es sich bei diesem Fluss um den weiter südlich gelegenen Cuama-Fluss zu handeln).[1]
Mercator scheint auch Zugang zu portugiesischen Texten gehabt zu haben, darunter ein Text von Joao de Barros, in dem die europäischen Vorstöße ins Landesinnere beschrieben werden.
So zeigt Mercator die portugiesische Erkundung des Flusses Cuama (Sambesi) hinauf ins Innere des südlichen Zentralafrikas, in die Region Monomotapa oder Benamataxa, wie er sie auf seiner Karte nennt.
Ca. Portugal (die portugiesische Festung) ist auf der Karte an der Kreuzung der Flüsse Spirito Santo und Cuama eingezeichnet.
Die Afrikakarte von Andre Thever aus dem Jahr 1575 war die erste Karte, die dem Afrika-Abschnitt der Mercator-Weltkarte von 1569 nachempfunden war. Die Bedeutung dieser Karte wird in der Literatur leider oft übersehen.
Gerhard Mercator II. bereitete eine Foliokarte von Afrika für die Veröffentlichung eines Atlanten seiner Familie im Jahr 1595 vor. Mercator II. war der Enkel des berühmten Kosmographen Gerhard Mercator, der im Jahr zuvor verstorben war. Die Afrika-Karte des jüngeren Mercators ist eine Verkleinerung des Afrika-Ausschnitts der berühmten Weltkarte seines Großvaters Gerhard Mercator von 1569.
Die Mercator-Karte von Afrika aus dem Jahr 1595 wurde von einer Reihe von Kartenmachern bis zur Mitte des siebzehnten Jahrhunderts als Vorlage für Afrika-Karten verwendet, was zum Teil auf die Bedeutung des Namens Mercator zurückzuführen ist.[2]
Obwohl der Name Mercator immer bekannt war und in Ehren gehalten wurde, hat sich seine Projektionsmethode zunächst allerdings nicht durchgesetzt.

Es dauerte 40 Jahre bis sie ihren Platz in der Kartografie gefunden hatte und sie danach nie wieder verlassen sollte.[3]
Zunächst geschah dies aber sehr langsam. Zwar findet man sie bei verschiedenen Karten von Jodocus Hondius und später dem berühmten Kartographen des 17. Jahrhunderts Willem (Guilelmus) Blaeu, ansonsten aber spielt sie im 17. Jahrhundert und im 18. Jahrhundert keine bedeutende Rolle.
Erst durch Adolf Stieler wurde die Mercator-Projektion zu wissenschaftlichen Anerkennung geführt. Schon in der ersten Ausgabe seines „Handatlas“ (1817) erschien sie unter dem Titel „Erdkarten in Mercatorprojektion, zur Übersicht der Erdfläche und der großen Seereisen, entworfen und gezeichnet von A.Stieler“. Sie ist seitdem in sämtlichen Ausgaben von Stielers weltbekanntem „Mercator“- Atlas enthalten .[4]
Wichtige Elemente des **Mercator-Modell** (von Mercators Weltkarte aus dem Jahr 1569; einige Karten mit Elementen von Blaeu, Texeira und den Portugiesen, usw.) sind:
Weitere Verfeinerung der Form von Afrika
Ursprung der Flüsse des südlichen Afrikas in Sachaf Lacus
Zusätzliche Ortsnamen von den Portugiesen, usw.
Platzierung eines Flusses oberhalb des Niger, der nach Osten in den Nil fließt.[5]
Das Vorhandensein der Mondberge.

Die Dominanz der Holländer und das Blaeu-Modell
Die nächste wichtige Entwicklung in der Kartierung Afrikas war das Blaeu-Modell, das in der Wandkarte von Willem Blaeu aus dem Jahr 1608 zum Ausdruck kommt.
Blaeu, 1571 in Uitgeest bei Alkmaar geboren, erlernte bei Jodocus Hondius den Kupferstich.
Seit 1633 war er auch "Kaartenmaker" der 1602 gegründeten ostindischen Kompanie.[1]
Einige wichtige Elemente des Blaeu-Modells sind die Hinzufügung von Ortsnamen aus neueren Entdeckungen (z. B. die niederländische Marineexpansion und -präsenz rund um Afrika), die Einbeziehung von Elementen sowohl des Gastaldi-Ortelius- als auch des Mercator-

Modells und, in Blaeus Foliokarte von 1617, eine weitere Verfeinerung der Flusssysteme im südlichen Afrika.
Die Geografie der Afrika-Wandkarte von 1608 ähnelt der Doppelhalbkugel-Weltkarte von Blaeu aus dem Jahr 1605, was angesichts der zeitlichen Nähe nicht verwunderlich ist.
Zu dieser Zeit gab es einen regen Austausch von Ideen und kartografischen Informationen zwischen Nordeuropa, Italien und bis zu einem gewissen Grad auch mit Portugal.
Dieser Austausch wurde wahrscheinlich zum Teil durch die regelmäßig stattfindende Frankfurter Buchmesse erleichtert, die direkt an den meisten Nord-Süd-Reiserouten lag, aber auch durch direkte Handelskontakte.
Blaeu hatte wahrscheinlich Zugang zu Gastaldis detaillierter Wandkarte von Afrika aus dem Jahr 1564 und zu den Karten der nordeuropäischen Nachahmer wie De Jode.
Er hatte auch Zugang zu den Erkundungsbüchern von Africanus, Pigafetta (basierend auf dem Reisebericht von Duarte Lopes), Ramusio. De Barros und anderen.
Ergänzt wurden diese durch neuere niederländische Quellen wie Van Linschotens Itinerario von 1596 (dessen Karten auf früheren portugiesischen Quellen beruhen) und die Berichte über die anschließenden Reisen nach Osten unter Admiral De Houtman.
Die geografischen Einteilungen innerhalb Afrikas ähneln denen der früheren Karten des sechzehnten Jahrhunderts von Ortelius, Gastaldi und anderen (Barbaria, Biledulgerid, Libya Interior, usw.).
In Westafrika vereinigt sich bei ihm der Niger fluvius (der Niger) mit dem R Senega (dem Senegal) zu einem riesigen Flusssystem und fließt direkt nach Westen in den Atlantik.
Die Quelle mündet in einen See, dem Niger lacus, in Zentralafrika.
Nördlich dieses Flusses liegt Tombotu (Timbuktu), ein wichtiges Handelszentrum, das die Mineralien und andere Handelsgüter des subsaharischen Westafrikas mit Nordafrika verbindet.
Die Darstellung der Goldküste in Guinea basiert auf einer Zeichnung von einer Reise nach El Mina, die Luis Teixeira in Lissabon angeboten wurde.[2]

Diese Teixeira-Karte gelangte nach Amsterdam, wo sie für eine 1602 von Pieter de Marees im Auftrag von Cornelis Claesz gezeichnete Karte verwendet wurde, und war die Quelle für diese und andere Karten der Region.[3]
In Zentralafrika stammt die Geographie der Kongoregion hauptsächlich aus einer Karte, die in Ortelius' Theatrum von 1595 eingefügt wurde (namentlich „Fessae, et Marocchi“, mit dem Kongo-Einsatz oben links).
Diese wurde wiederum aus den Reiseberichten von Duarte Lopes, wie sie von Pigafetta 1591 veröffentlicht wurden, abgeleitet.
Entlang der südafrikanischen Küste spiegelt sich die jüngere Reise von De Houtman nach Osten in den Verweisen auf niederländische Namen wider: Vlejis baij, Vis baij und Mosel baij.
Im Inneren des südlichen Afrikas werden Ortsnamen verwendet, die von den portugiesischen Erkundungen entlang der Flusssysteme von ihren Stützpunkten auf der Insel Mosambik und in Cefala (Sofala) stammen, vor allem Cast Portugal (Castle Portugal) und verschiedene afrikanische Königreiche, die den Europäern bekannt waren, wie Butua und Monomotapa.
Die Quellen des Nils werden Ptolemäus getreu mit dem westlichen See in Zentralafrika, dem Zaire lacus / Zembre lacus, und dem östlichen See, dem Zaflan lacus, angegeben.
Die Lunae montes (Mondberge) dienen als Trennlinie zwischen den Nilseen und den großen südlichen Flusssystemen des R de Spirito und des Cuama Fluvi.
Die beiden letztgenannten Flüsse haben eine gemeinsame Quelle in einem See südlich der Mondberge, dem Sachaf lacus, und einen ursprünglich gemeinsamen Fluss im Zambere flu.
Dies folgt Mercator, der in seiner Weltkarte von 1569 einen großen Sachaf lacus als Quelle für die südlichen Flüsse angibt und sich dabei zunächst auf die Schrift des Portugiesen Joao de Barros von 1552 stützt.
In Ostafrika (Abessinien) stützte sich Blaeu auf Ortelius' Karte der Region (die Priesterkönig-Johannes-Karte: Presbiteri Iohannis Sive Abissinorum...) und zahlreiche Texte über portugiesische Erkundungen entlang der Küste und im Landesinneren. Wie bei den

meisten Berichterstatter jener Zeit wurde das christliche Königreich von Priesterkönig Johannes in seiner Größe stark übertrieben.[4]
Eine weitere wichtige Blaeu-Karte, die wiederum bis zum Ende des siebzehnten Jahrhunderts zahlreiche Kartenmacher beeinflusste, war die 1617 erstmals veröffentlichte Karte im Folioformat.
Diese Karte ist im Wesentlichen eine Verkleinerung von Blaeus berühmter und einflussreicher Wandkarte von 1608.
Ein bemerkenswerter Unterschied zwischen der Karte von 1617 und Blaeus Wandkarte von 1608 besteht aber darin, dass diese Karte mit der langjährigen Tradition des einzigen südlichen Flusses, dem Zambere, bricht, der im Sachaf Lacus entspringt und sich dann in die Flüsse Cuama und SpiritoSanto teilt.
Auf Blaeus Foliokarte von 1617 entspringt der Cuama-Fluss im Hochland südlich der Mondberge und ist nicht mit dem Zambere-Fluss verbunden.[5]
Auf die Wandkarte von Blaeu 1608 und die Foliokarte von Afrika 1617 folgten zahlreiche Karten, die direkt nach Blaeu gestaltet waren.
Dazu gehören die Nachahmung der Wandkarte von Blaeu in Italien durch De Scaicki, Scolari, De Rossi und Todeschi sowie die französische Kopie von Jaillot. Es gab auch Ableitungen von Cornelis Danckers im Jahr 1647, Jan Mathisz um 1655, Joan Blaeu, Justus Danckerts und Gerard Valk um 1690.
Zahlreiche Karten im Folioformat des siebzehnten Jahrhunderts wurden ebenfalls nach der Blaeu-Wandkarte von 1608 oder der Variante der Blaeu-Folio-Karte von 1617 gestaltet
Eine bemerkenswerte Kopie der Blaeu-Folio-Karte war eine Karte von Jodocus Hondius Jr., aus dem Jahr 1619, die sowohl in den Niederlanden als auch in Frankreich eine Reihe von Nachahmern mit und ohne dekorative Umrandungen hervorgebracht hat.
Tatsächlich erschien die Karte von Hondius aus dem Jahr 1619 in ihren späteren Versionen in zahlreichen Ausgaben von Hondius-Janssonius-Atlanten bis etwa 1680.
Auch Visschers fein detaillierte und gestochene Karte von ca. 1658, die der Blaeu-Wandkarte von 1608 nachempfunden war, rief

zahlreiche Nachahmer auf den Plan, bis hin zur Karte von Justus Danckert aus den Jahren 1699-1700.
Die Blaeu-Wandkarte diente auch als Vorbild für kleinere Afrika-Karten, die ab dem Atlas Minor von Janssonius (1628) erschienen und von Boisseau (ca. 1643), Berey (1651) und zwei Picart-Karten (ca. 1651 und ca. 1659) fortgesetzt wurden.[6]
Wichtige Elemente des **Blaeu-Modell** sind:
Zusätzliche Ortsnamen aus neueren Entdeckungen (z.B. die der Niederländer in West- und Südafrika)
Elemente aus dem Gastaldi-Ortelius- und dem Mercator-Modell sind vorhanden
Die Folio-Karte verändert die Flusssysteme im südlichen Afrika[7]

Der wissenschaftliche Blick auf Afrika, beginnend mit der Karte von Nicolas Sanson 1650
Im Vergleich zu den holländischen Karten dieser Zeit im Folioformat ist Sansons Afrikakarte von 1650 präzise und wissenschaftlich in ihrer Informationsdarstellung.
Sanson, der als Vater der französischen Kartographie gilt, ist sparsam in seinen Informationen und neigt dazu, Ortsnamen wegzulassen, weil sie vermutlich nur auf Hörensagen beruhen.
Mehr Informationen gibt es hingegen über die Gebiete, die auf Madagaskar und in Westafrika zunehmend unter französische Kontrolle gerieten.
Der R de Volta (Volta-Fluss) ist auf der Karte genauer eingezeichnet, und Accara (Accra) erscheint in der Nähe seiner Mündung an der Küste Guineas im heutigen Ghana.
Bei der Darstellung eines Großteils des Landesinneren stützt sich Sanson auf die immer noch vorherrschende Blaeu-Wandkarte von 1608.
Die Flusssysteme folgen im Allgemeinen Blaeu, obwohl Sanson auf die Darstellung von 1608 zurückgreift, wonach die Flüsse Cuama und R de Spirito Santo beide aus dem unbenannten Zambere fließen, der im unbenannten Sachaf lacus entspringt. (In der Foliokarte von Blaeu von 1617 wurde die Quelle des Cuama auf die Südseite der Mondberge verlegt).

Bei der Einteilung der Hauptgebiete innerhalb Afrikas neigt Sanson dazu, noch ältere Konventionen zu verwenden.
Bei ihm erstreckt sich das Land Äthiopien weit in das südliche Afrika hinein, unterhalb der Nilquellseen.
Libyen beherrscht den größten Teil Westafrikas, und darüber liegt Afrique, ein früher Verweis auf den Teil Afrikas entlang der nordafrikanischen Küste.
Er bietet geografische Unterteilungen, die eher den Konventionen (Übereinkommen) seiner Zeit entsprechen.
Die Karte von Sanson aus dem Jahr 1650 diente seinem Sohn Guillaume als Vorlage, und zumindest anfänglich auch seinem Neffen Duval für seine Foliokarte von 1664 und seine kleine Atlaskarte von 1660.
Außerhalb Frankreichs beeinflusste Sanson die italienischen Kartographen Nicolosi, De Rossi (1677) und Petrini. In England verwendete Blome (1669) seine Karte. Durch seine Zusammenarbeit mit Jaillot und, in geringerem Maße, mit Duval beeinflusste Sanson auch spätere Kartenmacher bis 1700.[1]
Wichtige Elemente des **Sanson Modell** sind:
Zusätzliche Ortsnamen in Gebieten unter französischem Einfluss
Genauere Abgrenzung des Volta-Flusses
Nüchtern und wissenschaftlich mit Auslassung von mutmaßlichen Ortsnamen[2]

Die Entwicklung der Kartierung Afrikas: Der Einfluss von Jaillot und Duval
Als der Einfluss der Niederländer auf die Kartierung Afrikas in der zweiten Hälfte des siebzehnten Jahrhunderts zu schwinden begann, gewannen die französischen Kartographen an Bedeutung. Dies war zu einem großen Teil auf den Einfluss Ludwigs XIV. zurückzuführen, der eine wissenschaftliche Akademie, die Acadèmy Royale des Sciences, aktiv förderte, aber auch auf den wachsenden Einfluss eines zentralisierten und starken Frankreichs in der Welt.[1]

Wichtige Elemente des **Jaillot-Duval-Modell** sind:
Neue Darstellung der Flusssysteme des südlichen Afrikas (Jaillot 1674)
Aufhebung der Verbindung zwischen dem Nil und den beiden zentralafrikanischen Seen (Duval1678)
Der Blaue Nil entspringt im Tana-See in Abessinien und dessen Quelle (Duval 1678)
Verbindung des Nils in Abessinien und seine Quelle (Duval 1678)[2]

Delisle-Modell von 1700
Dies ist eine bahnbrechende Karte von Afrika. Die Delisle-Karte von 1700 ist die erste Karte, die Afrika ohne die beiden ptolemäischen Quellseen des Nils zeigt. Delisle gibt auch den korrekten Längengrad für das Mittelmeer von 42 Grad an und korrigiert damit die Breite der nördlichen Form Afrikas.
Die Delisle-Karte von Afrika aus dem Jahr 1700 diente den europäischen Kartenmachern als Vorbild und wurde im ganzen achtzehnten Jahrhundert häufig kopiert. Die Karte zeichnet sich dadurch aus, dass bei der Erstellung der Karte ein wissenschaftlicher Ansatz verfolgt wurde. Delisle achtete darauf, dass er, wo immer möglich, nur nachprüfbare Informationen aufnahm. Seine Karte wurde ständig aktualisiert, was bedeutet, dass es eine Reihe späterer Zustände gab, die der ursprünglichen Veröffentlichung dieser Karte von 1700 schnell folgten.[1]
Wichtige Elemente des **Delisle-Modell** sind:
Entfernung der zentralafrikanischen Quellseen für die Nilflüsse auf der Grundlage von Ptolemäus
Der von Osten nach Westen fließende Niger bleibt erhalten, aber ohne den Lacus-Fluss
Verfeinerung der Flusssysteme im südlichen Afrika
Streichung des Cuama-Flusses und Korrektur des Sambesi-Flusses
Zusätzliche Details in den Gebieten unter europäischer Kontrolle
Korrektur der Breite des nördlichen Teils von Afrika[1]
Die Delisle Karte läutet eine neue Zeit in der Kartierung Afrikas ein. Zwar präsentieren sich die Afrika Karten jener Zeit noch lange nicht so wie unsere heutigen exakten Karten, da viele Landstriche noch

unerforscht waren. Aber trotzdem möchte ich hier einen Schlussstrich unter meine zusammengetragenen Aufzeichnungen ziehen.
Die großen Entdeckungsreisen auf kleinen und größeren Schiffen, die die Gestalt Afrikas in die richtigen Proportionen gerückt haben sind getätigt und Afrikas Umriss wird sich von nun an auf zukünftigen Karten nicht mehr verändern. Was noch folgt sind unzählige Expeditionen ins Innere Afrikas, die Elefantenbilder eliminieren und durch tatsächliche geografische Details ersetzen. Jede dieser Expeditionen ist es wert ausführlich beachtet und betrachtet zu werden. Alle diese Expeditionen sind spannende und großartige Reisen mit offenem Ausgang in ein damals völlig unbekanntes Afrika. Es verbleiben unzählige spannende Reisetage, Monate oder gar Jahre für einen interessierten Bücherreisenden diese Reiseberichte zu lesen. Ich für meinen Teil bin dagegen mit meiner kleinen Kartenreise am Ende meiner Ausführungen angekommen und hoffe, dass es der eine oder andere Mitreisende geschafft hat, mir bis hierher zu folgen. Idealerweise konnte ich sogar jemanden inspirieren selbst einmal auf eine Reise zu seiner „Karte“ aufzubrechen. In diesem Fall wünsche ich gutes Gelingen und eben soviel Vergnügen wie ich es hatte.

Gedanken zum Schluss

Als ich angefangen habe dieses Büchlein zu schreiben ging es mir nur um ein paar mehr oder weniger oberflächliche Zeilen, die ich in einem anderen Buch als kleines Essay verwenden wollte. Aber mit jedem Satz den ich schrieb, zog mich die Geschichte dieser Karte mehr in ihren Bann. Jede Frage, die ich mir beantworten konnte, öffnete Räume der mit weiteren, neuen Fragen gefüllt waren.
Ich bin mit großer Neugier und Vergnügen, staunend und lernend, durch diese Räume gegangen.
Obwohl ich dieses Buch nun abgeschlossen habe, sehe ich doch noch ganze Zimmerfluchten mit Fragen, Reisen und Abenteuern vor mir liegen, die weiterhin neugierig auf eine Weiterreise durch Thema und Zeit machen.
Wenn ich über meine Karte vor mir schaue sehe ich Dinge, die mich

begeistern.
Jetzt, nach der Arbeit an diesem Buch und der Beschäftigung mit den alten Texten und Karten, ist es mir gelungen dieser für mich zunächst nur bunten, oberflächlichen, und vergangenen Vielfalt, Tiefe zu geben. Ich sehe die Karte nun mit ganz anderen Augen.
Oben links zeigt die Karte die Kapverdischen Inseln. Der ganz kurze Text dazu sagt: Hier lebten einst die Hesperiden und Gorgonen.
Die Hesperiden waren Nymphen mit Gärten, in denen goldene Äpfel wuchsen. Deren Wächter, der Drache, der niemals schlief, wurde von Herkules getötet.
Die Gorgonen, die drei Töchter des Phorkus, waren geflügelte, Schlangen behaarte und mit Schlangen gegürtete Jungfrauen, deren Anblick in Stein verwandelte.
Ich sitze wieder als kleiner Pennäler in der Holzbank und höre meinem Lateinlehrer zu, wie er begeistert, mit glänzenden Augen,von der Mythologie des Altertums doziert. Jetzt verstehe auch ich voll und ganz seine damalige Begeisterung.
Bücher, die ich als Kind und Jugendlicher gelesen habe, tauchen plötzlich in Bild und Schrift vor mir aus den Karten auf und ich bin mir sicher:
Diese alte Landkarte sind Realität gewordene Träume.
Wenn ich mich damit beschäftige, tauche ich in eine verloren geglaubte Welt ein, die zum Leben erwacht ist.
Seit Satellit und Informatik die Kartografie revolutionierten, ist die Geografie in ein neues Zeitalter eingetreten und gedruckte Karten gelten als altmodisch und nicht mehr zeitgemäß.
Warum soll ich mich überhaupt mit einer gedruckten Karte beschäftigen?
Jedes „Handy“ leitet mich heute von A nach B ohne irgendwelche Kenntnisse von Karten zu benötigen. Die freundliche Stimme aus dem Telefon führt mich ans Ziel. Es würde nun zu ausschweifend werden, über den Sinn oder Unsinn gedruckter Karten weiter zu philosophieren. Darüber mag sich jeder selbst eine eigene Meinung bilden. Ich für meinen Teil jedenfalls möchte ohne diese Karten nicht sein
Und jetzt komme ich auch noch mit diesen absolut unbrauchbaren

uralt Karten Mit diesen uralten Karten reise ich aber nicht von A nach B, ich reise in die Geschichte.
Ich reise zurück zu waghalsigen Männern auf kleinen Schiffen, die ins Unbekannte aufbrachen und oftmals nicht zurückkamen.
Ich reise zu Astronomen und Gelehrten aus aller Welt in vergangenen Zeiten und begleite Reisende aus allen Herren Ländern auf ihren abenteuerlichen Wegen.
Und ich reise zu den Legenden unserer Kultur, zu den Märchen und Sagen.
Mercator hat auf seiner Afrika Karte unterhalb der afrikanischen Südost Küste die Romeros Inseln gestochen, und den Text dazu möchte ich zum Verständnis meines sentimentalen Überschwangs zum Schluss nicht vorenthalten.
Los Romeros insulae, in quibus Ruc avis vasto corpore certo anni tempore apparet. M.Paul Venet. hb.3 cap.40
Die Romeros Inseln, auf denen zu bestimmten Zeiten der Vogel Rock erscheint.
Marco Polo von Venedig Buch 3 Vers 40.
Draußen prasselt gerade kalter Regen ans Fenster.
Ich aber bin unterwegs.

ENDE

Anhang

Die vollständige Beschreibung der Jodocus Hondius Karte von 1606 NOVA AFRICA TABULA AUCTORE Jodocus Hondius im Buch Mapping of Africa von Richard L. Betz 2007 auf den Seiten 208-210 in deutscher Übersetzung:

52 1606 Jodocus Hondius, Amsterdam
NOVA AFRICA TABULA AUCTORE Jodocus Hondius
(und rechts unten auf der Karte):
Excusum in aedibus Auctoris Amsterodammi.
Kein Maßstabsbalken
Amsterdam : Jodocus Hondius (und Cornelius Claesz), 1606
Aus: Gerardi Mercatoris Atlas
1 Karte : Kupferstich; 37,5 x 50 cm
Koordinaten für Breiten- und Längengrade auf allen vier Seiten der Karte.
Längenkoordinaten über der Äquatoriallinie.
Norden oben; keine Kompassrose.
Dekorative Titelkartusche unten links auf der Karte.
Im Atlantik befinden sich drei große Segelschiffe, ein kleineres Einmastboot und zwei Seeungeheuer. Im Indischen Ozean gibt es ein Segelschiff und ein Seeungeheuer.
In Afrika gibt es je ein Kamel, einen Elefanten und einen Affen. In Afrika gibt es verschiedene Legenden in lateinischer Sprache, darunter eine von Amara am Äquator in Nordostafrika, die von einer Legende über Priesterkönig Johannes erzählt, der seine Söhne auf dem Berggipfel von Amara gefangen hält.
Exemplare: Verschiedene Orte
Beschreibung:
Dies ist eine attraktive Karte mit zahlreichen Segelschiffen und Seeungeheuern in den Ozeanen in einem fein gestochenen Stil, typisch für Jodocus Hondius (1563 - 1612). Sie erscheint in verschiedenen Ausgaben des Gerardi Mercatoris Atlas, der von Jodocus Hondius und später seinen Söhnen von 1606 bis 1630 herausgegeben wurde.
Als solche ist diese Hondius-Karte von Afrika eine wichtige Übergangskarte, die eine Brücke zwischen den früheren Arbeiten von Ortelius, Mercator und anderen und den moderneren Karten von Willem Blaeu (1608), Claesc (1617) und anderen schlägt.
Die geografischen Daten für diese Karte stammen aus einer Vielzahl von Quellen. Das Innere Afrikas basiert zum Teil auf der Afrika-Karte von

Mercator aus dem Jahr 1595, doch wurden zahlreiche Ergänzungen und Änderungen vorgenommen. Hondius hatte Zugang zu den Erkundungsbüchern von Africanus, Pigafetta (basierend auf dem Reisebericht von Duarte Lopez), Ramusio, De Barros und anderen. Ergänzt wurden diese durch neuere niederländische Quellen wie Van Linschoten`s Itinerario mit den beiden Karten des südlichen Teils von Afrika, die auf portugiesischen Quellen beruhen.
Hondius folgt Pigafetta in seinen detaillierten Darstellungen der Kongo-Region. Er beschreibt Westafrika sowie das südliche und östliche Afrika ausführlicher, was wahrscheinlich auf neue Informationen aus den niederländischen und portugiesischen Berichten aus diesen Gebieten zurückzuführen ist. Der südafrikanische See, Sachaf Lacus, wird nicht als Quelle für den Rio Zaire / R. Congo oder den Nil dargestellt, sondern ist nur die Quelle für die unbenannten Flüsse Cuama und Spirito Santo.
In Nordafrika behält Hondius den nördlichen Fluss von Mercator den Nubia Fluvius bei, der nach Osten in den Nil fließt. In Westafrika fließt der Niger fluvius (Niger River) in einer geraderen Linie in den Atlantik, obwohl Hondius Ortelius' Darstellung des Niger Lacus in Zentralafrika als Quelle des Niger verwendet. Auch in anderen Fällen folgt Hondius Ortelius. Zum Beispiel platziert Hondius das Amara des Priester Johannes auf dem Äquator wie in der Ortelius-Karte von 1570 und nicht unterhalb des Äquators wie in der Mercator-Karte von 1595.
Die Ostküste Afrikas und die Insel Madagaskar wurden erheblich aktualisiert. Hondius korrigiert geringfügig die längere Verjüngung des südlichen Afrikas mit einer Ausbuchtung nach Westen am Kap der Guten Hoffnung und einer stärker ausgeprägten Bucht im Norden.

Informationen zur Veröffentlichung:
Als Jodocus Hondius im Jahr 1606 beschloss, den Atlas von Gerhard Mercator neu aufzulegen, ließ er diese Karte stechen, um sie in seinen Atlas „Atlas sive Cosmographicae Meditationes..." oder „Mercator-Hondius-Atlas", wie er allgemeiner genannt wird, aufzunehmen.
Mercator hatte seinen Atlas ursprünglich als ein umfassendes Werk geplant. Der erste Teil wurde 1585 und 1589 veröffentlicht. Nach Mercators Tod im Jahr 1594 wurde der zweite Teil von seinen Erben 1595 herausgegeben, wobei Teile fehlten, insbesondere Spanien...
Die Erben brachten 1602 eine unveränderte Ausgabe heraus, beendeten aber jeden weiteren Versuch, einen umfassenderen Atlas zu schaffen, wahrscheinlich zum Teil wegen der Konkurrenz durch den immens erfolgreichen Ortelius-Atlas, aber wahrscheinlich auch wegen der

Todesfälle von Rumold 1599 und Michael 1600. Im Jahr 1604 verkauften die Erben Mercators die Kupferstiche an Jodocus Hondius und Cornelis Claesz.
Obwohl es scheint, dass diese Karte zusammen mit dem Atlas in erster Linie von Hondius gedruckt wurde ("Excusum in aedibus Iudoci Hondij" auf der Titelseite), wurden die Atlanten von Hondius und Cornelis Claesz gemeinsam verkauft.
Diese Afrikakarte wurde zusammen mit der Karte „Africa ex magna orbis terre descriptione Gerardi Mercatoris desumpta" von Gerhard Mercator II. aus dem Jahr 1595 in den verschiedenen Ausgaben des Mercator-Hondius-Atlasses bis 1630 veröffentlicht.
Nach dem Tod von Jodocus im Jahr 1612 wurde der Atlas unter seinem Namen weitergeführt, aber von seiner Witwe, Colette van den Keere Hondius, seinem Sohn Jodocus Jr. und seinem zweiten Sohn Henricus zusammen mit ihrem Schwager Johannes Janssonius herausgegeben. Nach dem Tod von Colette und Jodocus Jr. 1629 wurden viele der von Jodocus Jr. angefertigten Kupferplatten von seinem Nachlass verkauft und von Willem Blaeu erworben, der einen Anhang zum Mercator-Hondius-Atlas herausgab, in dem die Platten von Jodocus Jr. sowie neue Platten verwendet wurden.
Mit dem Erscheinen der letzten Ausgabe des Mercator-Hondius-Atlas im Jahr 1630 und als Reaktion auf die zunehmende Konkurrenz durch den neuen Blaeu-Appendix gab Henricus Hondius in Zusammenarbeit mit Janssonius 1631 einen neuen Appendix zum Mercator-Hondius-Atlas heraus. Für diesen Appendix benutzte Henricus nicht mehr den älteren Kupferstich seines Vaters, sondern fertigte eine neue Platte an (siehe Jodocus Hondius' Karte von 1619, Karte Nr. 58 in Mapping of Africa, für weitere Informationen zu dieser Karte).
Diese Karte ist nur in einem Zustand bekannt.
Es folgt eine Liste, die als Leitfaden verwendet werden kann, in der zu ersehen ist, in welcher der verschiedenen Atlas ausgaben, ein einzelnes Exemplar dieser Karte erschienen ist.[1]

Datum	Van der Krogt Nr..	Sprache	Signatur	Seite Nummer
1606	8600: 1B: 101	Latein	122	
1607-08	8600: 1B: 102	Latein	6V	311
1609	8600: 1B: 111	Französisch	6X	313
1611-12	8600: 1B: 103	Latein	6Y	315
1613-19	8600: 1B: 104	Latein	7D	320
1613-16	8600: 1B: 112	Französisch	7D	329
1619	8600: 1B: 113	Französisch	7H	333
1623	8600: 1B: 105	Latein	7L	332
1628	8600: 1B: 114	Französisch	7S	621-624
1630	8600: 1B: 107	Latein	7S	346

Lateinische Beschreibungen und Sätze auf der Hondius Afrika Karte mit meinen Übersetzungen, die zu Diskussionen einladen:

In hisce regionibus regna;
hat Regina Saba tem;
pore Salomonis , de qua legimus
In dieser Gegend hat zur Zeit von [König] Salomon die Königen von Saba regiert, über die wir in Kapitel 10, Satz 2 [der Bibel] lesen.

Kapitel 10, Satz 2 lautet: Sie kam nach Jerusalem mit sehr großem Gefolge, mit Kamelen,
die Balsam, eine gewaltige Menge Gold und Edelsteine trugen, trat bei Salomo ein und redete mit ihm über alles, was sie sich vorgenommen hatte.

In Amara monte Imperatoris Aethiopi filii relegati vivunt, vacantis vero Imperii successor educitur.
Auf dem Berg Amara, leben die verbannten Söhne des äthiopischen Kaisers, au dem der Nachfolger des Kaisers richtig erzogen wird.

Hic olim Christiani nu[n]c vero nullam fere Religionem colunt.
Hier beten einstige Christen keine uns bekannte Religion mehr an

Juxta oppidum agades invenitur Manna copiosissime
Nahe der Stadt Agadez wird reichlich Manna gefunden.
Damur (Ortsangabe) hic effoditur aurum in magna copia
Damur Hier wird Gold in großer Menge ausgegraben.

Gaditanum [Eigenname der Stadt Gades / Cadiz] fretum n[ominatur] de Gibraltar
Die Meerenge von Cadiz wird [von] Gibraltar genannt.

Nilus fluvius singulis annis bis exundat labea
In einzelnen Jahren überflutet der Nil zweimal das Ufer

Cafates Hic Amazones habitare dicuntur [3. Pers. Plural] ut etiam in regnis Gavi & Zet
Cafates Hier, wird gesagt, sollen Amazonen leben ebenso wie in den Königreichen Gavi & Zet.

Benin R[egis]. Cujus, a populo, rex adoratur
Königreich Benin Dessen König wird vom Volk angebetet.

Anzicana Cujus populi sunt antropohagi
Königreich Anzicana, dessen Volk sind Menschenfresser

In hisce montibus Smaragdi plurimi sunt
In diesen Bergen hier gibt es sehr viele Smaragde

Hic inveniuntur lapides nicoli dicti
Es wird gesagt dass hier Onyx Steine gefunden werden
Hier findet man die sogenannten „Onyx" Steine

Lac Zaire ubi Tritones et Syrenes esse dicuntur
Zaire See wo die Tritonen und Sirenen sein sollen

I.S. Helenaes, quamvis incolarum sit expers, diversis tamen fructibus amaenis fyluestribus luxuriat navibus ex India Orientali gratisima.
Die Insel St. Helena bietet, obwohl sie unbewohnt ist, trotzdem verschiedenartige Früchte, angenehme Ziegenböcke und Wälder und ist ein höchst willkommene Zwischenstopp für die Schiffe aus Ostindien.

Liste einiger wichtige Ortsnamen auf alten Afrika Karten

Übergeordnete Teile Afrikas
Ägypten: erstreckt sich weiter westlich und südlich als das heutige Ägypten

Äthiopien war in zwei Teile unterteilt, Inferior und Superior.
Äthiopien Inferior: umfasste die gesamte südliche Hälfte des Kontinents einschließlich der Westküste südlich von Kamerun. Die Region im Inneren des südlichen Afrikas wurde auch als Monomotapa (von De Barros, für das Innere) und die Küste von Caffres (für die Küste des südlichen Afrikas) bezeichnet.
Zu Äthiopien Superior gehörte das Königreich Abessinien, dessen Größe stark übertrieben war, da seine Grenzen weit südlich des Äquators verliefen.

Barbary: die Staaten Nordafrikas von Marokko bis zur Cyrenaica

Biledulgerid (d.h. Bilad-al-Djarid, das "Land der Palmen" im Inneren Nordafrikas: das südliche Tunesien und die algerische Sahara

Guinea: von den Portugiesen nach Europa eingeführt, abgeleitet von dem Berberwort Aguinaou, das Neger bedeutet und mit dem arabischen Wort Sudan identisch ist. **1**

Nigritia: der westliche und zentrale Sudan

Nubien: der östliche Sudan

Zaara: Die Sahara

Ostafrika
Abasce = Abasie (von Polo; aufgeteilt in 6 Königreiche, 3 christliche Königreiche aus den Tagen des Apostels Thomas, 3 muslimische Königreiche auf der Aden-Seite dieses "Mittelindiens") = Abessinien (in Nordostafrika)

Abawi = Blauer Nil oder der Abay-Fluss (wie er heute bekannt ist)

Astapius (von Ptolemäus) oder Fluss Stapius = Bahr al-Azraq = Der Blaue Nil oder der Abay-Fluss (wie er heute bekannt ist).

Azania (aus dem Griechischen) (Hall 1998: 13) = Ostafrika

Elephas (elefants) Mons (von Ptolemäus) = Ras el Fil (von den Arabern) = an der Nordostküste von Afrika.

Maabase (arabisch) = Mombasa

Melido = Mylinde oder Mylindi = Malinde = Malindi (heutiger Name), nördlich von Mombasa, Küste von Kenia

Quiloa = Kilwa, heutiger Name, an der Küste südlich von Sansibar

Scotra = Scoira = die Insel Sokotra (am Eingang des Roten Meeres)
Tzana Lac = Tana-See

Xegiba (arabisch) = Sansibar, Zanguebar oder Zanzibar (Name, der von persischen und arabischen Autoren auf das gesamte südliche Afrika angewandt wurde. (Bodenstein 1998: 192) erscheint auf der Karte als Sansibar = südliches Afrika.
Sanutos Afrikakarte zeigt sowohl eine Zanguebara Terra als auch die Insel Zanzibara

Zanj (arabisch) ("Land der Neger") = Ostafrika
Zanzibar oder Zenzibar = Zanchibar (von Marco Polo) = Insel Sansibar

Südliches Afrika
Angra das Voltas (von B. Diaz) = Lüderitzbucht, Namibia
Angra Pequena wurde die östliche Bucht (Bucht in der heute Lüderitz liegt) auch genannt
In einen igen Karten ist sie auch als Angra de São Christóvão eingezeichnet
4

Äthiopien Inferior = Südliches Afrika

Bafa da Lagoa = Algoa-Bucht

Cabo de Sao Brandao = Kap Agulhas (südlichster Punkt in Afrika)

Cast Portugal = unbekannt, möglicherweise ein Hinweis auf ein Fort in Abessinien aus der Zeit von Christòvao da Gama. Möglicherweise bezieht sich der Name auch auf Sena und Tete am Sambesi-Fluss, die zu dieser Zeit (1569) als Außenposten für den Handel etabliert waren und kaum Forts besaßen. Der Name erscheint erstmals auf der Weltkarte von Gerard Mercator von 1595.

Cefala = Sofala (heutiger Name, am Indischen Ozean, südlich des Sambesi-Flusses)

Crucis Insule oder Ilhèu da Cruz = Insel St. Croix (am Eingang der Algoa-Bucht)

Cuama (von Ramusio) = Zuama (von Ortelius) = Sambesi-Fluss (durch seine Lage war eine Veränderung im südlichen Afrika)

Distrikt Toroa, bekannt als das Königreich Butua, zeitweise Vasall von Monomotapa (Standort für Goldminen) = Im heutigen Simbabwe

Golfo dentro das Serras = Falsche Bucht

Madeigascar (von Marco Polo) = Diab (von Frau Mauro) = Madeisgascar = Magastar (in Ramusio) = Madagaskar. Dies wurde als die äußerste Grenze der bewohnbaren Welt angesehen, von der so überwältigende Strömungen ausgingen, dass von niemandem erwartet werden konnte, gegen sie zurückzukehren **2**

Mare Prasodu = der Name des Ozeans vor Südostafrika, den B. Diaz erreichte (auf portugiesischen Portolanen der frühen 1500er Jahre).

Monamotapa (von de Barrios), das große Königreich im Inneren des südlichen Afrikas, eine für ihre Goldminen bekannte Region. Es wurde nach dem Herrscher des Landes benannt.

Ponta dos Farilhoes = Walfischbucht, Namibia

Porto Fragoso (aus dem Portugiesischen; auf Waldseemüllers Karte = Hout Bay

Prassum Promontor = Wahrscheinlich Kap Correntes, Kap an der Südostküste im heutigen Mosambik

Rio de Infante (östlichster Punkt für Diaz im Jahr 1488 und benannt nach einem Schiffskapitän. Joao Infante) = Der Große Fischfluss oder Keiskama-Fluss (aber das ist eine offene Vermutung **3**

Rio da Lagoa (umbenannt in Espirito Santo durch Lourenco Marques als Ergebnis seiner Entdeckungsreise 1545.

Rio de Manhice (Sambesi) und die Lorenzo Marques (Limpopo) auf der Karte von Pigafetta 1591.

Rio dos Vaqueiros (aufgrund der dort gesehenen Rinder; Diaz' erste Sichtung von Land nach der Umrundung des Kaps der Guten Hoffnung) = südwestlich von Mossel Bay

Sao Bras oder Saint Blaize (von Diaz; erster Landfall östlich des Kaps der Guten Hoffnung) = Mossel Bay, von den Holländern

Simbaoe = Symbaoe = Simbabwe oder Groß-Simbabwe = ein Hof, in dem der Monomotapa (Herrscher) residieren konnte.

Spirito Santo (von Ortelius und anderen) = Limpopo-Fluss (im südlichen Afrika)

Westafrika
Fluss Niger = abgeleitet von einem Tuareg-Ausdruck N-ger-n-gereo oder "Fluss der Flüsse". **5**

Kap Bojador (die südliche Ausdehnung Afrikas an der Westküste; ursprünglich war diese südliche Ausdehnung das Kap Non im Norden) = Kap Buzedot (von Waldseemüller) oder Budezor (Münster) Buyetder (aus dem Katalanischen Atlas von ca. 1375) oder Variationen auf einigen Karten = auf dem Festland gegenüber den Kanarischen Inseln

Synus Ethyopius (aus der Fra Mauro Karte = Golf von Guinea

Terra dos negros = Guinea

Nordafrika
Alcair (aus Blaeu und anderen Karten der damaligen Zeit) = Kairo
Babilonia, Babillonja = der mittelalterliche Name für Alt-Kairo

Ethiopia inferior = Sudan, von den klassischen Schriftstellern

Garamantes = ein Berberstamm in der Wüste Nordafrikas

Libyen innen = Sahara, von klassischen Schriftstellern

Niffe auf portolanischen Karten = Casablanca

Tingis = latinisiert für Tanger

Zentralafrika
Capo Lobo (aus der Reise von Diego Cao von 1485) = Kap St. Mary

Lunae Montes = Monte de Betsun (Gastaldi) nach Bodenstein (1998) = Betzum m. (Ortelius; siehe Bodenstein, 1998) = Berge des Mondes

Rio poderoso oder Rio do padrom (aus dem Reinel-Portolan von 1485) = Kongo-Fluss

Weiterführende Literatur und zur Diskussion der Ortsnamen bieten sich folgende Bücher an:

Axelson 1998 „Diaz and his Successors"
Randles 1979 „The Empire of Monopomata"
Randles 1956 „South-East Africa as Shown on Selected Maps of the Sixteenth Sentury"
Raper, Möller, Du Plessis, 2014 „Dictionary of Southern African Place Names

Zeittafel der afrikanischen Entdeckungen und wichtiger Afrika Karten Veröffentlichungen

Mehr als 10000 vor Chr.	**Gravuren auf Felswänden zeigen Tiere, Menschen und ihre Umgebung.**
ca. 10000 vor Chr.	**Erste landwirtschaftliche Gesellschaften stellen Felsmalereien von Gehöften, Vieh und Land und ihre Beziehungen zueinander dar.**
1150 vor Chr.	**Älteste bekannte Karte die einen Teil Afrikas darstellt (15 km langen Abschnitt des Wadi al-Hammamat in Ägypten)**
ca. 455 v. Chr.	Herodot reist an den Nil,etc.
5. Jh. vor. Chr.	Der Karthager Hannon der Seefahrer bereist Westafrika
384-322 v. Chr.	Schon Aristoteles behauptet die Erde ist rund (ohne Beweis)
ca. 276 – 194 vor Chr.	Eratosthenes von Kyrene berechnet den Umfang der Erde fast genau. Die Erde ist eine Kugel.
ca. 150	**Claudius Ptolemäus arbeitet am Liberarium in Alexandria in Ägypten und schreibt „Geographia“.**
1-6. Jh.	Axum oder Aksum, ein mächtiges Königreich, beherrschte das Horn von Afrika. Direkter Kontakt mit der Mittelmeerwelt. Bekehrung des Landes zum Christentum durch Frumentius (Anfang des vierten Jahrhunderts)
Ca. 600-1000	Bantu-Migration ins südliche Afrika. Entstehung der südöstlichen Gesellschaften, die sich zu den Stadtstaaten Great Zimbabwe, Dhlo-Dhlo, Kilwa und Sofala entwickeln, die bis 1600 florieren
610	Beginn des Islam
639-641	Khalif Omar erobert Ägypten mit islamischen Truppen
640-710	Eroberung Nordafrikas durch die Araber, von Ägypten aus

700-800	Der Islam breitet sich in Nordafrika aus; der islamische Glaube breitet sich schließlich in vielen Gebieten Afrikas südlich der Sahara aus (bis ca. 1500)
740	Islamisierte Afrikaner (Mauren) fallen in Spanien ein und beherrschen es bis 1492
ca. 750	Besiedlung der ostafrikanischen Küste durch Araber von der saudi-arabischen Halbinsel
800-1100	Wachstum des trans-saharischen Goldhandels zwischen Nordafrika und Subsahara-Afrika. In Westafrika entstand eine Reihe von Königreichen, deren wirtschaftliche Grundlage in der Kontrolle der Transsahara-Handelsrouten und dem Handel mit Gold, Kolanüssen und Sklaven lag, die im Tausch gegen Stoffe, Gebrauchsgegenstände und Salz nach Norden geschickt wurden.
ca. 1000	**Perser al-Biruni schreibt Geographie Buch und kritisiert Ptolemäus. Er glaubt an eine Verbindung von Indischen und Atlantischem Ozean an Afrikas Südspitze.**
10 Jh.	Höhepunkt des Königreichs Ghana, gegründet im 4. Jahrhundert. Ghana rüstete seine Armeen mit Eisenwaffen aus und wurde Meister des Salz- und Goldhandels. Es kontrollierte Routen, die sich vom heutigen Marokko im Norden über den Tschadsee und Nubien/Ägypten im Osten bis zu den Küstengebieten Westafrikas im Süden erstreckten.
1054	Beginn der islamischen Eroberung Westafrikas
13 Jh.	Aufstieg des Mali-Reiches der Mande (oder Mandinko) in Westafrika. Das Mali-Reich lag strategisch günstig in der Nähe von Goldminen und dem landwirtschaftlich reichen Überschwemmungsgebiet des Niger.
ca. 1250	Simbabwe (bedeutet Steinhaus oder Gebäude, von denen einige massiv sind), erbaut im südöstlichen Afrika von den Vorfahren der Shona-Völker des modernen Simbabwe.
1290	**Die erste dokumentierte Erwähnung der Existenz einer Portolankarte. Sie befand sich an Bord eines genuesischen Schiffes das den Heiligen Louis von Aigues Mortes nach Tunis beförderte**

1307–1332	Höhepunkt des Mali-Reiches (Mandingo-Reich).
1324-1325	Die aufwändige Pilgerreise des malischen Kaisers Mansa Musa nach Mekka verschafft Mali Ansehen im Sudan, in Ägypten und in der islamischen und europäischen Welt. Unter Mansa Musa wurden diplomatische Beziehungen zu Tunis und Ägypten geknüpft und islamische Gelehrte und Handwerker ins Reich geholt. Mali erscheint auf von Europäern erstellten Karten.
1352 – 1353	Besuch des Reisenden und Schriftstellers Ibn Batuta im Mali-Reich (Mandingo-Reich)
14-15 Jh.	Great Zimbabwe (mit seinen beeindruckenden Steinbauten) der Karanga-Vorfahren der Shona-Völker im südöstlichen Afrika kontrolliert einen großen Teil des südöstlichen Afrikas. Die Katanga-Völker bildeten das Mwene-Mutapa-Reich, das seinen Reichtum aus dem groß angelegten Goldabbau bezog. Auf seinem Höhepunkt im 15. Jahrhundert erstreckte sich sein Einflussbereich vom Sambesi-Fluss bis zum Halahari im Westen, zum Indischen Ozean im Osten und zum Limpopo-Fluss im Süden.
14 Jh.	Vom Albert- und Viktoriasee aus wurden komplexe, hoch entwickelte Staaten gegründet, darunter Königreiche, die von den Bachwezi, Luo, Bunyoro, Ankole, Buganda und Karagwe regiert wurden, über deren frühe Geschichte jedoch wenig bekannt ist. Weiter südlich, in Ruanda, herrschte seit dem 16. Jahrhundert eine von den Bachwezi (in diesem Gebiet Bututsi oder Bahima genannt) gegründete Viehzüchteraristokratie.
Nach 1400	Interne Streitigkeiten schwächten die Stärke des übermäßig ausgedehnten Mali-Reiches, und die nördlichen Städte und Provinzen revoltierten, was schließlich zur Gründung des Songhai-Reiches führte. Die Songhai (oder Songhay) begannen, sich entlang des Flusses Niger auszubreiten. Ein Großteil Malis fiel im fünfzehnten Jahrhundert an das Songhai-Reich im westlichen Sudan.
1405-1433	Die Chinesen begannen eine Reihe von Reisen durch den Indischen Ozean und erreichten 1417 erstmals Nordostafrika.

1415	Portugiesen erobern Ceuta an der nordafrikanischen Küste
1418–ca.1420	Portugiesen siedeln auf Madeira
1426	Der Portugiese Gonzalo Velho segelt bis hinter Cap Non
1427–ca.1432	Portugiesen entdecken und siedeln auf den Azoren
1433	Tuaregs aus der Sahara erobern Timbuktu
1434	Der Portugiese Gil Eanes umrundet als erster Cap Bojador nach 15 Versuchen
1435	Der Portugiesen Eanes und Baldaia erreichen Angra dos Ruivos
1436	Der Portugiese Baldaia erreicht den Rio de Ouro
1441	Der Portugiese Nuna Tristao erreicht Cap Blanco
1441	Beginn des europäischen Sklavenhandels in Afrika mit der Gefangennahme und dem ersten Transport von zehn afrikanischen Sklaven in der Nähe von Bojador durch Antam Goncalves.
1443	Der Portugiese Nuna Tristao erreicht Arguin und Garcas und 1444 Terra dos Negros
1444	Der Portugiese Lanzarote erreicht Naar und Tider
1444	Der Portugiese Dinis Dias erreicht Cap Verde
1445	Der Portugiese Alvaro Fernandes erreicht Capo dos Mastos
1445	Die erste „Feitoria“ (Handelsniederlassung) wurde in Arguin gegründet.
1446	Portugiese Nuna Tristao wird am Gambia(?) River getötet
1455	Cadamosto und Usodimare, Italiener, die für die Portugiesen segeln, erreichen die Bissagos-Inseln (Guinea-Bissau)
1456	Cadamosto und Diogo Gomes segeln in getrennten Expeditionen zu weiter südlich gelegenen Punkten, Cadamosto auch zu den Kapverdischen Inseln
1459	**Fra Mauro erstellt seine Weltkarte**

1460-1461	Der Portugiese Pedro da Sinta erreicht Sierra Leone.
1468	Songhay-Herrscher erobern Timbuktu zurück. Das Songhai-Reich (Songhay-Reich) mit dem Zentrum in Gao beherrscht den Zentralsudan, nachdem die Armee des Sunniten Ali Ber die überwiegend aus Tuareg bestehende Armee in Tombouctou (Timbuktu) besiegt hat.
1471	Die Portugiesen gründen den Handelsposten Sao Jorge de El Mina an der Guineaküste. Joao de Santarem und Pero Escobar segeln an der Guinea-Küste (später Goldküste) bis an die Shama-Bucht
1472	Portugiesen erreichen die Inseln Fernando Po, Sao Tome und Principe im Golf von Guinea.
1474	Der Portugiese Rui de Sequeira erreicht Cap Santa Catharina
1482	Baubeginn Fort Sao Jorge da Mina (El Mina) an der Guinea Küste
1482-1484	Erste Reise des Portugiesen Diego Cào, südlich des Äquators und des Kongo-Flusses; erreicht Kap Santa Maria 13 Grad Süd (erreicht den Kongo-Fluss 1483)
1485	Zweite Reise des Portugiesen Diego Cào bis etwa 22 Grad Süd in die Walfischbucht in Südwestafrika (Namibia)
1487	Portugiesen erreichen Timbuktu in West Afrika von der Küste aus.
1487-1488	Der Portugiese, Bartholomäus Diaz segelt um das Kap der Guten Hoffnung zur Südostküste Afrikas. Diaz erreicht den Rio Infante (möglicherweise den Großen Fischfluss) im Jahr 1488.
ca.1489-1492	**Der deutsche Kartograf Henricus Martellus erstellt „Manuscript World Map“**
1490	Die Portugiesen befahren den Kongo-Fluss in West-Zentralafrika etwa 200 Meilen weit und bekehren den König des Kongo zum Christentum. Einrichtung eines Postens in Sao Salvador.
1492	**Martin Behaim erstellt seinen Globus**

ca.1492-1493	**Francesco Rosselli erstellt seine Weltkarte**
1497-1499	Der Portugiese Vasco da Gama segelt um das südliche Afrika nach Indien und kehrt zurück. (Da Gama umrundet 1497 das Kap der Guten Hoffnung).
1493-1529	Höhepunkt des Songhoy-Reiches unter Askia Mohammed mit der Eroberung des Mandingo-Reiches und der Expansion nach Osten über den Niger hinaus.
Spätes 1500 Jh.	Am Kongo-Fluss (Zaire) blühte das Königreich Kongo, eine Konföderation von Provinzen unter dem Manikongo.
Um 1500	Benin in Westafrika befindet sich auf dem Höhepunkt seiner Macht.
1500	Diogo Dias, ein portugiesischer Schiffskapitän und Mitglied der Indienreise von Pedro Àlvares Cabral, sichtet Madagaskar am 10. August 1500
1500	**Juan de la Cosa erstellt seine Weltkarte**
1505	Besetzung von Sofala an der ostafrikanischen Küste durch die Portugiesen und Erstsichtung der Seychellen.
1507	Leo Africanus besucht das Songhoy Reich
1507	**Waldseemüller`s Weltkarte „Universalis Cosmographia Secundum Ptholomaei Traditionem Et Americi Vespucu Alioruque Lustrationes“ erscheint**
1514	Spanier besetzen Algier (1514 – 1516)
1520	Pater Alvares in Abessinien
1548	**Der nächste große Fortschritt bei der Kartierung Afrikas wird von Gastaldi erzielt. Er erstellt detaillierte Karten von Nord- und Südafrika**
1549	Bareto und Homem erforschen den Sambesi
1552	**Joao de Barros schreibt Band 1„ Decadas da Asia“ (1553 Band 2; 1563 Band 3)**

1562-1576	John Hawkins initiiert den britischen Sklavenhandel an der westafrikanischen Küste und bringt Sklaven in die Neue Welt. Weitere am europäischen Sklavenhandel beteiligte Länder waren Spanien (ab 1479), Nordamerika (ab 1619), Holland (ab 1625), Frankreich (ab 1642), Schweden (ab 1647) und Dänemark (ab 1697).
1569	**Gerhard Mercator veröffentlicht seine berühmter Wandkarte der Welt**
1570	**Ortelius verwendet Gastaldi-Wandkarte als Vorlage für seine Afrikakarte im Folioformat, die im Theatrum Orbis Terrarum erschien.**
1575	Portugiesen beginnen die Besiedlung von Angola in Sao Paulo de Loanda.
1575	**Andre Thever veröffentlicht die erste Karte, die dem Afrika-Abschnitt der Mercator-Weltkarte von 1569 nachempfunden ist**
1578-1584	Duarte Lopes bereist das Königreich Congo
1580	Portugisischer und Spanischer Thron werden vereint
1591	Filippo Pigafetta schreibt auf der Grundlage von Lopes' Reisen das Buch "Relatione del reame di Congo et delle circonvicine...".
1591	Fall des Songhai-Reiches durch die Armeen von al-Mansur von Marokko, was zu einer Zeit ständiger Unruhen und wirtschaftlichen Niedergangs führte.
Spätes 1500 Jh.	Östlich von Songhai, zwischen dem Niger und dem Tschadsee, hatten sich seit dem 10. Jahrhundert die Haua-Stadtstaaten und das Kanem-Bornu-Reich etabliert. Nach dem Fall von Songhai verlagerte sich der Transsaharahandel nach Osten, wo sich Zentren blühenden Handels und städtischen Lebens entwickelten.
1595	Erste Niederlassung von Niederländern an der Küste von Guinea
1598	Niederländer besetzen die Insel Mauritius
1600	Gründung der Englischen Ostindien-Kompanie

1602	Gründung der Niederländischen Ostindien-Kompanie, der das Monopol für den Handel östlich des Kaps der Guten Hoffnung eingeräumt wurde
1606	**Jodocius Hondius veröffentlicht NOVA AFRICA TABULA AUCTORE**
1608	**Wandkarte von Willem Blaeu erscheint**
1612	Niederländer gründen eine Siedlung an der Küste Guineas in Mouri (Fort Nassau)
1617	Niederländer errichten einen Stützpunkt auf der Insel Gorèe vor der Kapverdischen Halbinsel.
1618	Der Franzose Paul Imbert reist nach Timbuktu
1618-1619	G. Thompson fährt etwa 400 Meilen den Gambia-Fluss hinauf.
1618	Paez besucht den Tana See in Äthiopien
1623	Lobo erforscht Abessinien
1626	Franzosen errichten eine Siedlung in St. Louis, an der Mündung des Senegal Flusses
1626	Franzosen errichten eine erste Siedlung auf Madagagar
1633	Niederländer bauen eine Fabrik in Arguim
1638	Niederländer erobern das Fort von Sao Jorge de Mina an der Küste Guineas.
1640	Ende der Vereinigung des Portugiesischen und Spanischen Throns
1643	Franzosen gründen Fort Dauphin an der äußersten Südküste von Madagaskar
1645	Kapuzinermönche steigen den Kongo-Fluss hinauf, möglicherweise bis zu den Stanley-Fällen
1650	**Sanson`s Karte zeigt erstmals wissenschaftliche Blick auf Afrika**
1652	Erste niederländische Siedlung unter van Riebeeck am Kap der Guten Hoffnung

1659	Franzosen errichten das Fort Saint Louis im Senegal
1660	Entstehung des Bambara-Königreichs am oberen Niger, das 1670 das Mandingo-Reich ablöst
1662	Briten errichten ein Fort auf James Island an der Mündung des Gambia-Flusses
1666	Niederländer bauen ein Fort am Kap der Guten Hoffnung
1673	Gründung der französischen Handelsgesellschaft von Senegal
1674	Jaillot stellt Flusssysteme des südlichen Afrikas neu dar
1677	Franzosen nehmen den Niederländern die Insel Gorèe vor der Kapverdischen Halbinsel ab
1678	**Duvall`s Karte hebt die Verbindung zwischen dem Nil und den beiden zentralafrikanischen Seen auf und der Blaue Nil entspringt im Tana-See**
1682	Am 27. Dezember 1682 erreichten zwei brandenburgische Schiffe unter dem Expeditionsleiter Otto Friedrich von der Groeben die westafrikanische Küste
1683	Am Neujahrstag 1683 wurde auf dem *Manfro (*Großer-Friedrichsberg) die brandenburgische Flagge gehisst.
1686	König Ludwig XIV. annektiert Madagaskar
1686	Am *01. Oktober 1686* erreichte Kapitän Reers mit der leichten Fregatte "Roter Löwe" das Kap Blanco und nimmt das Gebiet mit der Feste Arguin unter brandenburgischen Schutz.
1687	Franzosen an der Elfenbeinküste
1697	Franzosen unter Anfrè de Brue schließen die Eroberung des Senegal ab und stoßen bis 1715 den Senegalfluss hinauf bis Mambuk vor
1698	Portugiesen werden von den omanischen Arabern von ihren Handelsposten an der ostafrikanischen Küste vertrieben, Mombasa wird 1739 von den Portugiesen aufgegeben, aber sie halten Mosambik bis zum Ende des 20 Jahrhunderts besetzt.

1698-1699	Der französische Arzt C. Poncet reist als Vertreter von König Ludwig XIV. von Frankreich von Kairo nach Gondar in Äthiopien
1700	**Delisle-Karte zeigt als erste Karte Afrika ohne die beiden ptolemäischen Quellseen des Nils**
1700-1717	Das Asante (Ashante)-Reich der Akan-Völker wird unter Osei Tutu an der Goldküste Westafrikas vereinigt und beherrscht die Goldfördergebiete.
1717	Mit dem Ende der kolonialen Ambitionen von Brandenburg-Preußen wurde die Kolonie mitsamt der Festung 1717 an die Niederländische Westindien-Kompanie verkauft.

Referenzen [1]

Endnoten

1 Mercator-Hondius-Atlas, Staatsbibliothek zu Berlin (Hg.) Sonderausgabe 2012 by reprint Verlag Leipzig in der Primus Verlag GmbH Darmstadt S. 4-5 und 17

2 Die Unruhen entstanden auch damals aufgrund der Ketzerverfolgung der Calvinisten

3 Der Begriff Geusen leitet sich aus dem französischen Wort gueux „Bettler“ ab. Nach zeitgenössischer Darstellung hat diese Bezeichnung ihren Ursprung aus der Übergabe einer Bittschrift des niederländischen Adels 1566 (Eidverbund der Adligen) an die von Spanien als Statthalterin eingesetzte Margarethe von Parma. Die Bittschrift forderte explizit die Beendigung der Inquisition und der Verfolgung der Protestanten sowie die Wiederherstellung ihrer ständischen Freiheiten.
Hierbei soll Graf Charles de Berlaymont der Margarethe von Parma ins Ohr geflüstert haben, „Sie solle sich nicht vor einem Haufen Bettler (gueux) fürchten“.
Bei Martin Schlu „ Die Niederlande - Der Aufstand der Geusen“ © 21. Februar 2010 findet man: "Madame, ce' ne sont que des geux!" (Madame, das sind doch alles nur Bettler)
Dieser Haufen bestand damals aus zweihundert Berittenen, die friedlich in Brüssel einzogen, um die Bittschrift zu übergeben. Ihre Zahl sollte sich im Verlaufe der Verhandlungen noch auf bis zu vierhundert erhöhen.
Die weitgehend positive Annahme der Forderungen des niederländischen Adels von Margarete und ihr Versprechen, das Edikt an König Philipp von Spanien weiterzuleiten, versetzten die Aufständischen in gehobene Stimmung, die sich in Festen mit entsprechendem Alkoholgenuss niederschlug. Während eines solchen Festes wurde die Bezeichnung Geusen für die im Unabhängigkeitskampf verbündeten Mitglieder durch Heinrich von Brederode vorgeschlagen und von den Versammelten übernommen. Hierbei anwesend waren auch Wilhelm I. von Oranien sowie die Grafen Lamoral von Egmond und von Ho(o)rn(e). Als sichtbares Zeichen des Bundes trugen die Mitglieder, während sie in Brüssel verweilten, graue Bettlergewänder. Aus Solidarität und Ausdruck des passiven Widerstands trugen auch viele Bewohner Brüssels eine Zeit lang solche Bettlerkleidung. Die Schiffer unter ihnen nennen sich fortan "Wassergeusen"(watergeuzen), die Landstände "Waldgeusen"(bosgeuzen).

Aus dewiki
https://dewiki.de/Lexikon/Geusen Zugriff 05.05.2022

4 Schäfer, Christoph, Die Geschichte der Niederlande im 16. bis 18. Jahrhundert. Die Niederlande als Teil eines Weltreiches – Karl V. In: http://www.unimuenster.de/NiederlandeNet/nl-wissen/geschichte/vertiefung/anfaenge/karl.html (2004) am 3.4.2022

5 heute in der National Portrait Gallery of London
https://commons.wikimedia.org/wiki/File:Sir_Francis_Drake_by_Jodocus_Hondius.jpg Zugriff 05.05.2022
https://www.meisterdrucke.com/kunstdrucke/Jodocus-Hondius/837779/Porträt-von-Sir-Francis-Drake,.html Zugriff 05.05.2022

6 Taylor, E.G.R. Imago Mundi, The International Journal for the History of Cartography
Volume 13, London 1956 - Issue 1, „A letter dated 1577 from Mercator to John Dee“
https://www.tandfonline.com/doi/abs/10.1080/03085695608592127 Zugriff 05.05.2022

7 nachgewiesen aber erst ab 1594
8 Name: Gheert Cremer (latinisiert: Gerardus Mercator („Mercator“ = „Kaufmann“); deutsch: Gerhard Krämer; verbreitete, deutsch-lateinische Mischform: Gerhard Mercator)
https://unprominente.de/2021/03/16/gerhard-mercator-erfinder-der-mercator-projektion/Zugriff 05.05.2022

9 Hondius Karte der Bucht von New Albion an der Pazifikküste von Amerika
In England war Hondius maßgeblich an der Veröffentlichung des Werkes von Francis Drake beteiligt, der Ende der 1570er Jahre seine Weltumsegelung vollzogen hatte. Insbesondere erstellte Hondius 1589 eine heute berühmte Karte der Bucht von New Albion, wo Drake kurzzeitig eine Siedlung an der Westküste Nordamerikas gründete. Hondius 's Karte basierte auf Zeitschriften- und Augenzeugenberichten über die Reise und hat lange Spekulationen über den genauen Ort von Drakes Landung angeheizt. Hondius gilt auch als Künstler mehrerer bekannter Porträts Drakes, die sich heute in der National Portrait Gallery in London befinden.
https://de.knowledgr.com/00693459/JodocusHondius Zugriff 02.03.2022

10 „Er lächelt mehr Falten in sein Gesicht hinein, als die neue Weltkarte mit der Vergrößerung der beiden Indien aufzuweisen hat." William Shakespeare, Twelfth Night. Was ihr wollt, Stuttgart 1993, S.106-107
11 Schneider, Ute, Die Macht der Karten , Sonderausgabe 2018, S.87

12 Pieter van den Keere

13 Holzer, Anette, Die „Christian Knight map" von Jodocus Hondius Eine Karte vereint europäisches Weltbild und politische Allegorie, Diplomarbeit verfasst von Anette Holzer, Wien, 2013, S. 24

14 Mercator-Hondius-Atlas, Staatsbibliothek zu Berlin (Hg.) Sonderausgabe 2012 by reprint Verlag Leipzig in der Primus Verlag GmbH Darmstadt S. 4-5 und 17 -18

15 Schneider, Ute, Die Macht der Karten , Sonderausgabe 2018 S.126, für weitere Diskussion zu diesem Thema S. 126 – 135

16 Williams, Harold, (Hg.), The Poems of Jonathan Swift, Vol 2, Oxford 1958, S.645, Übersetzung von H.G. Van Bueren.

17 Schneider, Ute, Die Macht der Karten , Sonderausgabe 2018 S.126, für weitere Diskussion zu diesem Thema S. 159

18 Dr. Dietrich Rauchenberger Dr. Dietrich, Leo Africanus. Eine lebendige Brücke über das Mittelmeer.
https://www.ema-germany.org/media/publ/medi/ausg/2010/01/46_mediterranes_01_2010.pdf Zugriff 08.05.2022
18 https://de.wikipedia.org/wiki/Leo_Africanus Zugriff 08.05.2022

19 https://de.wikibrief.org/wiki/Filippo_Pigafetta Zugriff 08.05.2022

19 Lopes, Duarte; Bry, Johann Theodor de [Hrsg.]; Reina, Agostino de [Übers.]; Reina, Agostino de [Übers.]; Bry, Johann Theodor de [Ill.]; Bry, Johann Israel de [Ill.]; Pigafetta, Filippo [Bearb.]
Regnvm Congo hoc est Warhaffte vnd Eigentliche Beschreibung deß Königreichs Congo in Africa, vnd deren angrentzenden Länder: darinnen der Inwohner Glaub, Leben, Sitten vnd Kleydung wol vnd außführlich

vermeldet vnd angezeigt wirdt — Frankfurt am Main, 1609
https://doi.org/10.11588/diglit.7584#0001 Zugriff 08.05.2022
19 de Barros, Joao (1496-1579); Slevogt, Max (1868-1932), Auf dem alten Seewege nach Indien.
Beschreibung der Entdeckungs- und Eroberungsfahrten der Portugiesen in den Jahren 1415 bis 1503, insbesondere die Fahrten des Generals Vasco de Gama, erzählt nach der Asia des Joao de Barros. Herausgegeben von Nicolaus Henningsen, Cöln: Hermann & Friedrich Schaffstein, 1910

20 Berhorst Ralf, FERDINAND MAGELLAN In 1082 Tagen um die Welt: Die düsteren Details der ersten Erdumseglung in GEO EPOCHE Nr. 24 - 11/06 - Das Zeitalter der Entdecker
https://www.geo.de/wissen/21807-rtkl-ferdinand-magellan-1082-tagen-um-die-welt
Zugriff 08.05.2022
Am 21. Dezember 1521 verlässt die Victoria Tidore: mit westlichem Kurs. Sollte die Mannschaft von Kapitän Sebastián Elcano ihren Heimathafen sicher erreichen, wäre die erste Umrundung der Welt vollendet. (Die Mannschaft der Trinidad dagegen nimmt östlichen Kurs auf Südamerika; nach einer qualvollen Odyssee werden nur vier der 48 Seefahrer Europa wiedersehen.)
Mit 47 Mann Besatzung und 13 Molukkern macht sich die Victoria auf den Heimweg; König Almanzor hat der Crew zwei Lotsen mitgegeben. Mehr als 15 000 Kilometer Wegstrecke liegen vor ihr.
Am 6. September 1522 läuft die in der Heimat längst aufgegebene Victoria in den Hafen von San Lucar bei Sevilla ein - am Ende haben nur 18 Mann die Stürme, Krankheiten und den Hunger auf der letzten Etappe ihrer großen Reise überlebt.
Doch die Fahrt ist ein epochaler wissenschaftlicher Triumph. Erstmals ist der Globus umsegelt und so nachgewiesen worden, dass die Erde kugelförmig ist. Der von Magellan erhoffte kommerzielle Erfolg bleibt indes aus. So wertvoll die Ladung von 26 Tonnen Gewürzen auch ist - der Verkauf bringt nur wenig mehr ein als die Kosten der Expedition. Womöglich macht die Leistung der Seefahrer auch deshalb auf König Karl I. wenig Eindruck. Zudem erscheint der Seeweg zu lang und zu gefährlich für die spanischen Schiffe. Dennoch lädt der Monarch Kapitän Elcano und zwei weitere Besatzungsmitglieder in seine Residenz nach Valladolid. Dort kann der Kommandant der Victoria die schriftlichen Loyalitätsbezeugungen einiger Molukken-Könige vorweisen, muss sich aber auch einer peinlichen Befragung stellen. Denn Elcano ist an der

Meuterei gegen Magellan beteiligt gewesen und Gerüchte davon sind bis nach Spanien gedrungen.
Magellan, so verteidigt sich Elcano, habe die Anweisungen Karls ignoriert und ohnehin die Portugiesen an Bord der Schiffe begünstigt. Schließlich geht der Kapitän straffrei aus. Er erhält sogar eine jährliche Pension von 500 Dukaten, die Ritterwürde sowie ein persönliches Wappen. Es zeigt einen Globus und die Inschrift primus circumdedesti me: "Du hast mich als Erster umrundet."

20 https://de.wikipedia.org/wiki/Antonio_Pigafetta Zugriff 08.05.2022
https://www.lernhelfer.de/schuelerlexikon/geschichte/artikel/die-erste-erdumseglung-bericht-von-antonio-pigafetta Zugriff 08.05.2022
20 https://de.wikipedia.org/wiki/Juan_Sebastián_Elcano Zugriff 08.05.2022

21 https://de.wikipedia.org/wiki/Giovan_Battista_Ramusio Zugriff 08.05.2022

22 https://de.wikipedia.org/wiki/Liste_der_Gouverneure_von_Ghana Zugriff 3.3.2022

23 https://de.wikipedia.org/wiki/Jan_Huygen_van_Linschoten Zugriff 08.05.2022

23 https://www.deutsche-biographie.de/sfz99116.html Zugriff 08.05.2022

Indigene Kartenherstellung
1 Tim Maggs Cartographic Content of Rock Art in Southern Africa, Volume Two, Book Three
cartography in the traditional african, american, arctic, australian, and pacific societies Buch 3 Kapitel 2
Edited by David Woodward and G. Malcolm Lewis

2 James A, Harrell and V. Max Brown The World oldest survival Geological Map: The 1150 B.C. The Turin Papyrus from Egypt Department of Geology, The University of Toledo, Toledo Ohio
https://www.researchgate.net/publication/249182322_The_World%27s_Oldest_Surviving_Geological_Map_The_1150_BC_Turin_Papyrus_from_Egypt Zugriff 19.04.22

3 Betz, Richard L., Mapping of Africa 2007, HES & DE GRAAF Publishers BV, ´t Goy-Houten, S. 15

Frühe Karten

1 Müller. Willi, Die Umsegelung Afrikas durch phönizische Schiffer ums Jahr 600 v. Chr.
Release Date: April 17, 2021 [eBook #65093]
https://www.gutenberg.org/files/65093/65093-h/65093-h.htm Zugriff 18.04.22

2 Sascha Weidenbach, Die Niltheorien in der antiken Welt. Herodot und Gegenpositionen 2016
https://www.grin.com/document/355194 Zugriff 18.04.22

3 Betz, Richard L., Mapping of Africa 2007, HES & DE GRAAF Publishers BV, ´t Goy-Houten, S. 15

4 Relaño, Francesco, The Shaping of Africa
Cosmographic Discourse and Cartographic Science in Late Medieval and Early Modern Europe
First Published 2002, London, eBook S.1 in Betz Mapping of Africa 2007, Seite 15

5 Mwanza, Kevin, 17.8.2021, Fact Check: The Continent Of Africa Was Named After A Roman General
https://moguldom.com/368598/fact-check-the-continent-of-africa-was-named-after-a-roman-general/ Zugriff 18.04.2022

5 South African History Online Produced 20 May 2015 Last Updated 05 April 2022
https://www.sahistory.org.za/article/africa-whats-name Zugriff 18.04.2022

5 Mildred Europa Taylor, How did Africa really get its name?, June 24, 2018
https://face2faceafrica.com/article/how-did-africa-rea Zugriff 18.04.2022

6 Thorwald C. Franke, Mit Herodot auf den Spuren von Atlantis: Könnte Atlantis doch ein realer Ort gewesen sein?, 14.11, 2006,

https://books.google.de/books?id=yK0xEAAAQBAJ&pg=PA53&lpg=PA53&dq=Herodot+Fehler+Beschreibung+Afrika&source=bl&ots=sijXKjgt12&sig=ACfU3U0DWY-EX4iQIRuGfkoZ9wpf2haZ0Q&hl=de&sa=X&ved=2ahUKEwi05pvpoKD3AhXPgv0HHZpOBMkQ6AF6BAgfEAM#v=onepage&q=Herodot%20Fehler%20Beschreibung%20Afrika&f=false Zugriff 19.04.2022

7 Lane Poole, Edward Humphry, The Discovery of Africa: A history of the exploration of Africa reflected in the maps in the collection of the Rhodes-Livingstone Museum. Occasional Paper. Livingstone, North Rhodesia: The Rhodes- Livingstone Museum, 1950 Seite 4
8 Lane-Poole 1950, S. 4 und Rizzo The Pattern and Meaning of a great Lake in West Africa in Imago Mundi 58, I: S.80-89 in Betz, Richard L., Mapping of Africa 2007, HES & DE GRAAF Publishers BV, ´t Goy-Houten, Seite 17

8 https://www.afriterra.org/wp-content/uploads/2019/01/Debo-Patterns-and-Meaning-of-a-Great-Lake-in-West-Africa.pdf Zugriff 18.04.2022

9 Schneider Ute, Die Macht der Karten, Eine Geschichte der Karthographie vom Mittelalter bis heute, 2018 Seite 19-21

10 Barth, Reinhard, Die Vermessung der Erde, 2018, Seite 34

Arabischer Einfluss auf Afrikas Landkarten

1 Betz, Richard L., Mapping of Africa 2007, HES & DE GRAAF Publishers BV, ´t Goy-Houten, , Seite17

2 Hall, Richard . 1998. Empires of the Monsoon, A History of the Indian Ocean and its Invaders. London: Harper Collins Seite 35, in Betz, Richard L, Mapping of Africa 2007 Seite18

3 Hall, Richard . 1998. Empires of the Monsoon, A History of the Indian Ocean and its Invaders. London: Harper Collins Seite 37, in Betz, Richard L, Mapping of Africa 2007 Seite19

4 Tibbetts, G.R. in Harley 1998, · Later Cartographic Developments, Vol. II Seite 137-155, in Betz, Richard L, Mapping of Africa 2008 Seite19 https://press.uchicago.edu/books/HOC/HOC_V2_B1/HOC_VOLUME2_Book1_chapter6.pdf Zugriff 18.04.2022

4 Hall, Richard, 1998. Empires of the Monsoon, A History of the Indian Ocean and its Invaders. London: Harper Collins Seite 38, in Betz, Richard L, Mapping of Africa 2007 Seite19

4 Harley 1992 Vol II Buch 1 Seite 160 in Betz, Richard L, Mapping of Africa 2007 Seite19
https://press.uchicago.edu/books/HOC/HOC_V2_B1/Volume2_Book1.html Zugriff 18.04.2022

Einfluss der Chinesen auf Afrikas Landkarten

1 Harley, J.B., Woodward, David, The History of Cartography, Volume 2, Book 2: Cartograpgy in the Traditional East and Southeast Asian Societies, Chicago and London: University of Chicago Press 1994 Seite 241.246 in Betz, Richard L, Mapping of Africa 2007 Seite 20

2 Kuei-Sheng Chang, Africa and the Indian ocean in Chinese maps of the fourteenth and fifteenth centuries, 1970, Imago Mundi Band 14 Seite 23, in Betz, Richard L, Mapping of Africa 2007 Seite 21

3 Kuei-Sheng Chang, Africa and the Indian ocean in Chinese maps of the fourteenth and fifteenth centuries, 1970, Imago Mundi Band 14 Seite 21 - 30, in Betz, Richard L, Mapping of Africa 2007 Seite 23

4 Journal of the American Oriental SocietyVol. 94, No. 3, Jul. - Sep., 1974The Maritime Scene in China at the Dawn of tGreat European Discoverys
https://www.jstor.org/stable/600069?read-now=1&refreqid=excelsior%3A6606e42fd606eed02272533e96c67b17&seq=2 Zugriff 21.04.2022

4 Chang, Kuei-Sheng,The Maritime Scene in China at the Dawn of Great European Discoveries
Journal of the American Oriental Society Vol. 94, No. 3 (Jul. - Sep., 1974), Seite 348
Published by: American Oriental Society

5 http://www.china.org.cn/english/features/zhenhe/132146.htm Zugriff 22.04.2022

6 https://en.wikipedia.org/wiki/Chinese_treasure_ship Zugriff 21.04.2022
https://wiki.edu.vn/wiki19/2021/01/06/chinesisches-schatzschiff-wikipedia/ Zugriff 04.05.2022

7 Diffie, Bailey W., und George D. Winius. 1977. Foundations of the Portuguese Empire 1415 – 1580 – Europe and the World in the Age of Expansion Vol I. Minneapolis: University of Minnesota Press Seite 66-67, in Betz, Richard L, Mapping of Africa 2007 Seite 23

8 Josh Dougherty Apr 16, 2021, The Treasure Fleet That Disappeared from History
China's forgotten naval supremacy
https://historyofyesterday.com/the-treasure-fleet-that-disappeared-from-history-b6c5b78d5924 Zugriff 21.05.2022

9 Hall, Richard, 1998. Empires of the Monsoon, A History of the Indian Ocean and its Invaders. London: Harper Collins Seite 84-93, in Betz, Richard L, Mapping of Africa 2007 Seite 23
10 Snow, Philip. 1988. The Star Raft: China`s Encounter with Africa. New York: Weidenfeld & Nicolson. Seite 26, in Betz, Richard L, Mapping of Africa 2007 Seite 23

Zusätzliche interessanter Artikel und Informationen
https://www.wienerzeitung.at/nachrichten/kultur/mehr-kultur/2111830-Zheng-He-der-Kolumbus-der-Chinesen.html Zugriff 04.05.2022

Der mittelalterliche Blick auf Afrika

1 Campell, Tony. 1987. The Earliest Printed Maps 1472 – 1500. Seite 2-4, London: British Library

1 Woodward, David Reality, Symbolism, Time, and Space in Medieval World Maps, First published: December 1985, Annals of the Association of American Geographers, Volume 75, Issue4, Seite 510-521
https://doi.org/10.1111/j.1467-8306.1985.tb00090.x Zugriff 21.04.2022

2 Schneider Ute 2018, Die Macht der Karten, Eine Geschichte der Karthographie vom Mittelalter bis heute, Seite: 20-21
3 Betz, Richard L., Mapping of Africa 2007, HES & DE GRAAF Publishers BV, ´t Goy-Houten, ISBN 9789061944898, Seite 23

4 Campell, Tony. 1987. The Earliest Printed Maps 1472 – 1500. Seite 2-4, London: British Library, in Betz, Richard L, Mapping of Africa 2007 Seite 23

4 David Woodward, David Reality, Symbolism, Time, and Space in Medieval World Maps, First published: December 1985, Annals of the Association of American Geographers, Volume 75, Issue4, Seite 510-521 https://doi.org/10.1111/j.1467-8306.1985.tb00090.x Zugriff 22.04.2022

5 Betz, Richard L., Mapping of Africa 2007, HES & DE GRAAF Publishers BV, ´t Goy-Houten, ISBN 9789061944898, Seite 23

6 Schneider Ute 2018, Die Macht der Karten, Eine Geschichte der Karthographie vom Mittelalter bis heute, Seite 28

7 Hall, Richard, 1998. Empires of the Monsoon, A History of the Indian Ocean and its Invaders. London: Harper Collins Seite 51

Portolankarten

1 Betz, Richard L., Mapping of Africa 2007, HES & DE GRAAF Publishers BV, ´t Goy-Houten, ISBN 9789061944898, Seite 24

2.Mercator Atlas Faksimile, Coron Verlag, Lachen am Zürichse, Einführung Seite 8

3 Schneider Ute 2018, Die Macht der Karten, Eine Geschichte der Karthographie vom Mittelalter bis heute, Seite 38-40

4 Portulane. Seekarten vom 13. bis zum 17. Jahrhundert unter Mitarbeit von Marie-Madeleine Azard, Isabelle Raynaud-Nguyen und Marie-Antoinette Vannereau.
La Roncière, Monique de; Michel Mollat du Jourdin. Verlag: Fribourg, Office du Livre u. München, Hirmer, 1984 Seite 198

5 Relaño, Francesco, The Shaping of Africa
Cosmographic Discourse and Cartographic Science in Late Medieval and Early Modern Europe
First Published 2002, London, eBook Seite 92-94

6 Anette Holzer, Anette, Die „Christian Knight map“ von Jodocus Hondius, Eine Karte vereint europäisches Weltbild und politische Allegorie, Diplomarbeit Wien, 2013

7 Betz, Richard L., Mapping of Africa 2007, HES & DE GRAAF Publishers BV, ´t Goy-Houten, Seite 24-25

8 Le Carrer, Olivier Die Vermessung der Ozeane, Delius Klasing Verlag 2016, Seite 25

Die Kartierung Afrikas in der frühen europäischen Renaissance

1 Relaño, Francesco, The Shaping of Africa
Cosmographic Discourse and Cartographic Science in Late Medieval and Early Modern Europe
First Published 2002, London, eBook Seite 132

2 Betz, Richard L., Mapping of Africa 2007, HES & DE GRAAF Publishers BV, ´t Goy-Houten, Seite 27

3 Klemp, Egon, Africa auf Karten des 12. bis 18. Jahrhunderts. Leipzig 1968: Ed. Leipzig Seite 20
3 Betz, Richard L., Mapping of Africa 2007, Seite 27

4 Relaño, Francesco, The Shaping of Africa
Cosmographic Discourse and Cartographic Science in Late Medieval and Early Modern Europe
First Published 2002, London, eBook, Seite 153

5 Betz, Richard L., Mapping of Africa 2007, HES & DE GRAAF Publishers BV, ´t Goy-Houten, Seite 25-27

Die Ausgangslage für die europäische Erkundung Afrikas

1 Betz, Richard L., Mapping of Africa 2007, HES & DE GRAAF Publishers BV, ´t Goy-Houten, Seite 28

2 Boxer , C.R., The colour question in the Portuguese empire, 1415-1825, London : Oxford U.P., 1961, Raleigh lecture on history, Seite 6
3 Betz, Richard L., Mapping of Africa 2007, HES & DE GRAAF Publishers BV, ´t Goy-Houten, Seite 28

Die portugiesischen Entdeckungsreisen

1 Relaño, Francesco, The Shaping of Africa
Cosmographic Discourse and Cartographic Science in Late Medieval and Early Modern Europe
First Published 2002, London, eBook,Seite 151

2 Diffie, Bailey W., und George D. Winius. 1977. Foundations of the Portuguese Empire 1415 – 1580 – Europe and the World in the Age of Expansion Vol I. Minneapolis: University of Minnesota Press Seite 118-120

3 https://www.cambridge.org/core/journals/history-in-africa/article/abs/mapping-the-malagueta-coast-a-history-of-the-lower-guinea-coast-14601510-through-portuguese-maps-and-accounts/6BEC553AC7038CDED2BDC03459F51B75 Zugriff 23.04.2022

4 Diffie, Bailey W., und George D. Winius. 1977. Foundations of the Portuguese Empire 1415 – 1580 – Europe and the World in the Age of Expansion Vol I. Minneapolis: University of Minnesota Press Seite 154, in Betz, Richard L, Mapping of Africa 2007 Seite 29

5 Ein „Padrao“ ist eine in Stein gehauene Säule mit den Angaben zu jeder Reise, die die portugiesischen Expeditionen an Bord ihrer Schiffe mitführten und die sie als Beweis für ihre weiteste Position an der afrikanischen Küste errichteten.

6 Diffie, Bailey W., und George D. Winius. 1977. Foundations of the Portuguese Empire 1415 – 1580 – Europe and the World in the Age of Expansion Vol I. Minneapolis: University of Minnesota Press Seite 155

7 Diffie, Bailey W., und George D. Winius. 1977. Foundations of the Portuguese Empire 1415 – 1580 – Europe and the World in the Age of Expansion Vol I. Minneapolis: University of Minnesota Press Seite 156

8 Boxer , C.R., The Portuguese Seaborne Empire 1415-1825, London Hutchinson 1969/1978, Seite 35

9 Betz, Richard L., Mapping of Africa 2007, HES & DE GRAAF Publishers BV, ´t Goy-Houten, ISBN 9789061944898, Seite 30

10 Boxer , C.R., The Portuguese Seaborne Empire 1415-1825, London Hutchinson 1969/1978, Seite 36

11 Betz, Richard L., Mapping of Africa 2007, HES & DE GRAAF Publishers BV, ´t Goy-Houten, ISBN 9789061944898, Seite 31

Die Portugiesen in Afrika

1 Betz, Richard L., Mapping of Africa 2007, HES & DE GRAAF Publishers BV, ´t Goy-Houten, Seite 31

2 Relaño, Francesco, The Shaping of Africa
Cosmographic Discourse and Cartographic Science in Late Medieval and Early Modern Europe
First Published 2002, London, eBook, Seite 65

3 Betz, Richard L., Mapping of Africa 2007, HES & DE GRAAF Publishers BV, ´t Goy-Houten, Seite 32

4 Crowther, Alison und Boivin, Nicole, Südostasiaten besiedelten einst Madagaskar, Artikel in Damals.de 03.06.2016, Max-Planck-Institut für Menschheitsgeschichte / Max Planck Institute for the Science of Human History
https://www.wissenschaft.de/geschichte-archaeologie/suedostasiaten-besiedelten-einst-madagaskar/

5 Axelson, Eric 1973 Portuguese in South East Africa 1488- 1600, Johannesburg: C. Stuik (Pty) Ltd, Seite 29

6 Axelson, Eric 1973 Portuguese in South East Africa 1488- 1600, Johannesburg: C. Stuik (Pty) Ltd, Seite 25 -26

7 Eine ausführliche Erörterung findet sich in den beiden Büchern von Eric Anderson
"Portuguese in South East Africa 1488-1600 and Portuguese in South East Africa 1600-1700).
Axelson, Eric 1973 Portuguese in South East Africa 1488- 1600, Johannesburg: C. Stuik (Pty) Ltd.
Axelson, Eric, Portuguese in South-East Africa 1600-1700,
Verlag: Johannesburg Witwatersrand University Press, 1964

8 Axelson, Eric 1973 Portuguese in South East Africa 1488- 1600, Johannesburg: C. Stuik (Pty) Seite 80

9 Axelson, Eric 1973 Portuguese in South East Africa 1488- 1600, Johannesburg: C. Stuik (Pty) Seite 141, Fußnote 51

10 Axelson, Eric 1973 Portuguese in South East Africa 1488- 1600, Johannesburg: C. Stuik (Pty) Seite 142

11 Axelson, Eric 1973 Portuguese in South East Africa 1488- 1600, Johannesburg: C. Stuik (Pty) Seite 158

12 Axelson, Eric 1973 Portuguese in South East Africa 1488- 1600, Johannesburg: C. Stuik (Pty) Seite 163

13 Axelson, Eric 1973 Portuguese in South East Africa 1488- 1600, Johannesburg: C. Stuik (Pty) Ltd. ISBN-13 : 978-0854941933 Seite 173, Originalquelle: João dos Santos, Ethiopia Oriental e varia historia de cousas notaveis do oriente, Impressa no Convento de S. Domingos de Evora por Manoel de Lyra, Evora 1609

14 Randles, W.G.L. 1956, Southeast Africa as Shown on Selected Printed Maps of the Sixteenth Century, Imago Mundi 13 Seite 69 -88

15 Boxer, C.R. 1969 / 1978, The Portuguese Seaborne Empire 1415-1825, London Hutchinson Seite 28-29

16 für eine Diskussion der Pigafetta-Karte; Relano, Francesco, 2002, The Shaping of Africa: Cosmographic Discourse and Cartographic science in Late Medieval and early Modern Europe, Aldershot England, Ashgate Publishing Company Seite 209-211

17 Betz, Richard L., Mapping of Africa 2007, HES & DE GRAAF Publishers BV, ´t Goy-Houten, Seite 35

Die Ankunft anderer Europäer

1 Betz, Richard L., Mapping of Africa 2007, HES & DE GRAAF Publishers BV, ´t Goy-Houten, ISBN 9789061944898, Seite 35-36

2 Steltzer, Hans Georg, 1981, Verlag Ullstein GmbH Frankfurt/ Main, Berlin, Wien Seite 64

3 Steltzer, Hans Georg, 1981, Verlag Ullstein GmbH Frankfurt/ Main, Berlin, Wien Seite 74 - 76

4 Markus Felten, (Autor der Website): Geschichte der Marine Infanterie 1675 – 1919 http://www.marine-infanterie.de/html/2_4.html

5 Steltzer, Hans Georg, 1981, Verlag Ullstein GmbH Frankfurt/ Main, Berlin, Wien Seite 267

6 Betz, Richard L., Mapping of Africa 2007, HES & DE GRAAF Publishers BV, ´t Goy-Houten, Seite 36

Teil 3 Die Geschichte der Landkarten Afrikas

Ptolemäische Karten: Die frühesten gedruckten Karten von Afrika

1 Tibbetts, G.R. in Harley 1992, The history of Cartography, Vol. II, Buch 1, Kapitel 4 The Beginnings of a Cartographic Tradition S. 99,
https://press.uchicago.edu/books/HOC/HOC_V2_B1/Volume2_Book1.html
https://press.uchicago.edu/books/HOC/HOC_V2_B1/HOC_VOLUME2_Book1_chapter4.pdf
Zugriff 26.04.2022

2 Campell, Tony 1987, The earliest Printed Maps 1472 -1500, Imago Mundi Ltd, Band 39 Seite 129

3 Stevenson, Edward Luther (Übersetzer und Herausgeber), 1991, Claudius Ptolemy: The Geography, mit einer Einführung von Joseph Fischer , New York, Dover Publications, Inc.Seite 93-109

4 Dilke, O.A.W. in Harley 1992, The history of Cartography, Vol. II, Buch 1 Seite 179, in Betz, Richard L, Mapping of Africa 2008 Seite 38
https://press.uchicago.edu/books/HOC/HOC_V1/Volume1.html
https://press.uchicago.edu/books/HOC/HOC_V1/HOC_VOLUME1_chapter11.pdf Zugriff 27.04.2022

5 Diffie, Bailey W., und George D. Winius. 1977. Foundations of the Portuguese Empire 1415 – 1580 – Europe and the World in the Age of Expansion Vol I. Minneapolis: University of Minnesota Press CHAPTER 2 Prelude to Empire: Portuguese and European Expansion to 1415, S. 27-29

5 Cortesao, Armando, History of Portuguese Cartography Vol.2, Coimbra: Junta de Investigacoes do Ultramar-Lisboa, 1969-1971, S.68-73

6 Tibbets, Gerald R., in Harley 1992: Bd.II: Buch I, Kapitel 4. The Beginnings of a Cartographic Tradition S. 101
https://press.uchicago.edu/books/HOC/HOC_V2_B1/Volume2_B
https://press.uchicago.edu/books/HOC/HOC_V2_B1/HOC_VOLUME2_Book1_chapter4.pdf Zugriff 30.04.22

7 Betz, Richard L., Mapping of Africa 2007, HES & DE GRAAF Publishers BV, ´t Goy-Houten, Seite 39

Wichtige Weltkarten die Afrika zeigen

1 https://en.wikipedia.org/wiki/Casa_da_Índia Zugriff 30.04.2022

2 Poettering , Jorun, Als die Säulen des Herakles umstürzten Wissen, Wissenschaft und Herrschaft in der portugiesischen Expansion (15. und 16. Jahrhundert), BEITRAG AUS: SAECULUM 64.2/2014 ISBN 978-3-412-22479-0, ISSN 0080-5319 © 2014 BY BÖHLAU VERLAG GMBH & CIE, WIEN KÖLN WEIMAR S.267-268
https://epub.ub.uni-muenchen.de/38847/1/Poettering%202014%20Säulen%20des%20Herakles.pdf Zugriff 30.04.2022

3 Betz, Richard L., Mapping of Africa 2007, HES & DE GRAAF Publishers BV, ´t Goy-Houten, Seite 40

Henricus Martellus

1 Relaño, Francesco, The Shaping of Africa
Cosmographic Discourse and Cartographic Science in Late Medieval and Early Modern Europe
First Published 2002, London, eBook S. 166

2 Betz, Richard L., Mapping of Africa 2007, HES & DE GRAAF Publishers BV, ´t Goy-Houten, ISBN 9789061944898, S.40-42

3 Lingenhöhl, Daniel, Was erblickte Kolumbus auf Martellus' Weltkarte von 1491? Spektrum.de 12.06.2015
https://www.spektrum.de/news/was-erblickte-kolumbus-auf-martellus-weltkarte-von-1491/1350594 Zugriff 30.04.2022

Francesco Rosselli

1 Betz, Richard L., Mapping of Africa 2007, HES & DE GRAAF Publishers BV, ´t Goy-Houten, S.42-43

Martin Behaim, Globus 1492

1 Betz, Richard L., Mapping of Africa 2007, HES & DE GRAAF Publishers BV, ´t Goy-Houten, S.43-44

2 Beazley, Charles Raymond, The Dawn of Modern Geography: A History of Exploration and Geographical Science, H. Frowde, 1897, Band 1 S.234 Babcock, William Henry, Legendary Islands of the Atlantic: A Study in Medieval Geography American Geographical Society, 1922 , S.72

Juan de la Cosa
1 Relaño, Francesco, The Shaping of Africa
Cosmographic Discourse and Cartographic Science in Late Medieval and Early Modern Europe
First Published 2002, London, eBook, S.179

2 Betz, Richard L., Mapping of Africa 2007, HES & DE GRAAF Publishers BV, ´t Goy-Houten, S.45

Alberto Cantino
1 Relaño, Francesco, The Shaping of Africa
Cosmographic Discourse and Cartographic Science in Late Medieval and Early Modern Europe
First Published 2002, London, eBook, S.180

2 Relaño, Francesco, The Shaping of Africa
Cosmographic Discourse and Cartographic Science in Late Medieval and Early Modern Europe
First Published 2002, London, eBook, S.62

3 Betz, Richard L., Mapping of Africa 2007, HES & DE GRAAF Publishers BV, ´t Goy-Houten, S.45-46

Nicolo de Caveri
1 Betz, Richard L., Mapping of Africa 2007, HES & DE GRAAF Publishers BV, ´t Goy-Houten, S.48

Giovanni Contarini-Francesco Rosselli
1 Randles, W.G.L. 1956, Southeast Africa as Shown on Selected Printed Maps of the Sixteenth Century, Imago Mundi 13, S. 70

2 Betz, Richard L., Mapping of Africa 2007, HES & DE GRAAF Publishers BV, ´t Goy-Houten, S.48-50

Martin Waldseemüller

1 „Die Canerio-Karte ist wohl ohne Zweifel jene portugiesische Seekarte, von welcher Waldseemüller in seinem Vorwort zum »Supplementum« der Straßburger Ptolemaeus-Ausgabe von 1513 berichtet, daß Herzog Rend von Lothringen dieselbe in entgegenkommendster Weise für die Drucklegung zur Verfügung gestellt habe: Charta, autem marina, quam Hydrographiam vacant, per Admiralem quondam Serenissimi Portugalie regis Ferdinand/', celeros denique lustratores veris-simis peragrationibus lustrata: minister io Renati dum vixit, nunc pie mortui ducis illustriss. Lolharingie liberalius prelo - graphaiioni tradita est. Da es sich nach dem Ergebnis unserer Untersuchung um eine portugiesische Marinkarte handelt, so ist in dieser vielumstrittenen Stelle der Fehler im Namen des Königs zu suchen und Emmanuelis statt Ferdinandi zu lesen.“
Fischer, Joseph, und Wieser, Franz, Ritter von, 1903 Die älteste Karte mit dem Namen Amerika aus dem Jahre 1507, und die Carta marina aus dem Jahre 1516 von Waldseemüller, Martin(Ilacomus), 1470-1519, Verlage: Innsbruck: Wagner ; London : H. Stevens & Stiles, S.29-30, Fußnote 2
https://archive.org/details/gri_33125012781890/page/n23/mode/2up
Zugriff 01.05.2022

2 Fischer verwendet die Namens schreibweise „Canerio“ für De Caveri.

3 Fischer, Joseph, und Wieser, Franz, Ritter von, 1903 Die älteste Karte mit dem Namen Amerika aus dem Jahre 1507, und die Carta marina aus dem Jahre 1516 von Waldseemüller, Martin(Ilacomus), 1470-1519, Verlage: Innsbruck: Wagner ; London : H. Stevens & Stiles, S.29
https://archive.org/details/gri_33125012781890/page/n23/mode/2up
Zugriff 01.05.2022

4 Fischer, Joseph, und Wieser, Franz, Ritter von, 1903 Die älteste Karte mit dem Namen Amerika aus dem Jahre 1507, und die Carta marina aus dem Jahre 1516 von Waldseemüller, Martin(Ilacomus), 1470-1519, Verlage: Innsbruck: Wagner ; London : H. Stevens & Stiles, S.29, Fußnote 1
https://archive.org/details/gri_33125012781890/page/n23/mode/2up
Zugriff 01.05.2022

5 Fischer, Joseph, und Wieser, Franz, Ritter von, 1903 Die älteste Karte mit dem Namen Amerika aus dem Jahre 1507, und die Carta marina aus dem Jahre 1516 von Waldseemüller, Martin(Ilacomus), 1470-1519, Verlage: Innsbruck: Wagner ; London : H. Stevens & Stiles, S.29,
„Die Übereinstimmung zwischen der Carta marina und der Canerio-Karte ist eine so tiefgehende und allseitige, daß man direkt sagen kann: Die Carta marina Waldseemüller's ist eine gedruckte Ausgabe der Canerio-Karte, allerdings nicht ein sklavischer Abdruck, sondern eine verbesserte und in Bezug auf das Innere der Kontinente stark vermehrte Ausgabe."
https://archive.org/details/gri_33125012781890/page/n23/mode/2up
Zugriff 01.05.2022

6 Randles, W.G.L. 1956, Southeast Africa as Shown on Selected Printed Maps of the Sixteenth Century, Imago Mundi 13, S.73-74

7 Randles, W.G.L. 1956, Southeast Africa as Shown on Selected Printed Maps of the Sixteenth Century, Imago Mundi 13, S.70

8 Betz, Richard L., Mapping of Africa 2007, HES & DE GRAAF Publishers BV, ´t Goy-Houten, S.50-52

9 https://www.freunde.uni-freiburg.de/pdfs/martin-waldseemuller.pdf
Zugriff 01.05.2022
https://www.unesco.de/kultur-und-natur/weltdokumentenerbe Zugriff 01.05.2022

10 GEO Magazin, 01/2008, S.124.

Bis zu Sebastian Münster

1 Parker, John, Prottengeier, Alvin E (Übersetzer) From Lisbon to Calicut, Published by University of Minnesota Press, Minneapolis, MN, 1956

2 Betz, Richard L., Mapping of Africa 2007, HES & DE GRAAF Publishers BV, ´t Goy-Houten, S.53-54

3 Betz, Richard L., Mapping of Africa 2007, HES & DE GRAAF Publishers BV, ´t Goy-Houten, S.54-55

Gastaldi und Ortelius

1 Betz, Richard L., Mapping of Africa 2007, HES & DE GRAAF Publishers BV, ´t Goy-Houten, S.58

2 Ratzel, Friedrich, "Ortelius, Abraham" in: Allgemeine Deutsche Biographie 24 (1887), S. 428-433 [Online-Version]; URL: https://www.deutsche-biographie.de/pnd118736590.html#adbcontent

3 Betz, Richard L., Mapping of Africa 2007, HES & DE GRAAF Publishers BV, ´t Goy-Houten, ISBN 9789061944898, S.58

4 Einleitung zu Faksimile des Mercator Atlas 1595, Coron Verlag S. 11

5 Betz, Richard L., Mapping of Africa 2007, HES & DE GRAAF Publishers BV, ´t Goy-Houten, S.59

Mercator-Karte

1 Betz, Richard L., Mapping of Africa 2007, HES & DE GRAAF Publishers BV, ´t Goy-Houten, S.60-61

2 Betz, Richard L., Mapping of Africa 2007, HES & DE GRAAF Publishers BV, ´t Goy-Houten, S.61

3 Le Carrer, Olivier Die Vermessung der Ozeane, Delius Klasing Verlag 2016, Seite 109

4 Mercator Atlas Faksimile, Coron Verlag, Lachen am Zürichse, Einführung Seite 20

5 Betz, Richard L., Mapping of Africa 2007, HES & DE GRAAF Publishers BV, ´t Goy-Houten, S.62

Blaeu-Modell

1Spektrum Akademischer Verlag, Heidelberg, 2000
https://www.spektrum.de/lexikon/geowissenschaften/blaeu-willem/1911
Zugriff 02.05.2022

2 Schilder, Günter - Monumenta cartographica Neerlandica I+II+V – 1996/1999
https://explokart.eu/onderzoek/monumenta-cartographica-neerlandica/

3 Betz, Richard L., Mapping of Africa 2007, HES & DE GRAAF Publishers BV, ´t Goy-Houten, S.63

4 Betz, Richard L., Mapping of Africa 2007, HES & DE GRAAF Publishers BV, ´t Goy-Houten, S.64

5 Betz, Richard L., Mapping of Africa 2007, HES & DE GRAAF Publishers BV, ´t Goy-Houten, S.64-65

6 Betz, Richard L., Mapping of Africa 2007, HES & DE GRAAF Publishers BV, ´t Goy-Houten, S.65

7 Betz, Richard L., Mapping of Africa 2007, HES & DE GRAAF Publishers BV, ´t Goy-Houten, S.66-67

Nicolas Sanson

1 Betz, Richard L., Mapping of Africa 2007, HES & DE GRAAF Publishers BV, ´t Goy-Houten, S.68

2 Betz, Richard L., Mapping of Africa 2007, HES & DE GRAAF Publishers BV, ´t Goy-Houten, S.69

Jaillot und Duval

1 Betz, Richard L., Mapping of Africa 2007, HES & DE GRAAF Publishers BV, ´t Goy-Houten, S.70

2 Betz, Richard L., Mapping of Africa 2007, HES & DE GRAAF Publishers BV, ´t Goy-Houten, S.71

Delisle

1 Betz, Richard L., Mapping of Africa 2007, HES & DE GRAAF Publishers BV, ´t Goy-Houten, S.72

Vollständige Beschreibung der Jodocus Hondius Karte

1 Peter van der Krogt, Koeman's Atlantes Neerlandici, HES Publishers, 1997 Seite 711

Koeman, Cornelis, Atlantes Neerlandici: Bibliography of terrestrial, maritime and celestial atlases and pilot books published in the Netherlands up to 1880. Vol. II,. Amsterdam, (1967-71) Seite 282

Namen auf afrikanischen Kartenbeschreibung

1 Hallett, Robin, The Penetration of Africa; Europeans Enterprise and Exploration Principally in Northern and Western Africa up to 1830, Volume I to 1815, London Routledge and Kegan, Paul 1965, S.37

2 Beazley, C. Raymond 1897 - 1906: The Dawn of Modern Geography. A History of Exploration and Geographical Science from the Middle of the 13th. To the Early Years of the 15th. Century. 3 Volumes, Oxford, Clarendon Press, Vol. III Seite 148

3 Axelson, Eric 1973 Portuguese in South East Africa 1488- 1600, Johannesburg: C. Stuik (Pty) Ltd, Seite 15

4 South African History Online
https://www.sahistory.org.za/place/angra-das-voltas-luderitz-bay-namibia Zugriff 04.05.2022
basierend auf P. E. Raper, L. A. Möller, Theo Du Plessis
Dictionary of Southern African Place Names, Jonathan Ball Publishers, 2014

5 Hallett, Robin, The Penetration of Africa; Europeans Enterprise and Exploration Principally in Northern and Western Africa up to 1830, Volume I to 1815, London Routledge and Kegan, Paul 1965, S.47

6 Randles, W.G.L. 1956, Southeast Africa as Shown on Selected Printed Maps of the Sixteenth Century, Imago Mundi 13

Zeittafel

1 Bibliotèque Nationale de France (Website, abgerufen im März 2022); Diffie und Winius 1977; Fage und Oliver; Davidson 1966; Langer 1948; Betz 2007
Fage F.G., Oliver, R. 1975, The Cambridge History of Africa, Cambridge, London, New York: Cambridge University Press
Davidson, Basil, Africa, History of a Continent, Weidenfeld & Nicolson, London 1966
Langer, William L, An Encyclopedia of world history, Houghton Mifflin Co, Boston 1948
http://www.entdecker-der-welt.de/entdeckungen/zeittafel-entdeckungen.htm Zugriff 04.05.2022

https://www2.klett.de/sixcms/media.php/229/DO01430048_online_K3_zeitt.pdf Zugriff 04.05.2022
http://www.suedafrikatour.de/allgemeines/geschichte.htm Zugriff 04.05.2022

Literatur in alphabetischer Reihenfolge

Axelson, Eric 1961 Portuguese Settlement in the Interior of South East Africa in the Seventeenth Century.

Axelson, Eric 1969 Portuguese in South East Africa 1600 – 1700 Johannesburg, Witwatersrand University Press.

Axelson, Eric 1973a Portuguese in South East Africa 1488 – 1600 Cape Town: C.Stuik (Pty) Ltd.

Axelson, Eric 1973b Congo To Cape, Early Portuguese Explorers. New York: Harper & Row

Baumann, Hermann, Westermann Diedrich, Thurnwald, Richard: Völkerkunde von Afrika: mit besonderer Berücksichtigung der kolonialen Aufgabe. Essener Verlagsanstalt, 1940

Barth, Reinhard, Die Vermessung der Erde, 2018,

Betz, Richard L. 2007. The Mapping of Afrika. HES & DE GRAAF Publishers BV, `t Goy-Houten Netherlands

Boxer, C.R. 1961 Four Centuries of Portuguese Expansion, 1414 – 1825 Johannesburg, Witwatersrand University Press

Boxer, C.R. 1965. The Dutch Seaborne Empire 1600 – 1800. London; Penguin Books

Boxer, C.R. 1969/ 1978. The Portuguese Seaborne Empire 1415 – 1825. London; Hutchinson

Boxer, C.R. 1981. Joao de Barros: Portuguese Humanist and Historian of Asia. New Delhi; Concept

Boxer, C.R. 1984. From Lisbon to Goa 1500 – 1750: Studies in Portuguese Maritime Enterprise. London

Brodersen, Kai (ed.): Periplus Maris Erythraei: Zweisprachige Taschenbuch Ausgabe Altgriechisch Ausgabe – 15. September 2021

Breusing, Arthur: Mercator, Gerhard. in: Allgemeine Deutsche Biographie (ADB). Band 21, Leipzig 1885, S.385–397.

Büttner, Manfred (Hrsg.): Neue Wege in der Mercator-Forschung. Mercator als Universalwissenschaftler. Abhandlungen zur Geschichte der Geowissenschaften und Religion/Umwelt-Forschung. Brockmeyer, Bochum 1992, 1995,

Campell, Tony. 1987. The Earliest Printed Maps 1472 – 1500. London: British Library

Crane, Nicholas: Der Weltbeschreiber. Gelehrter, Ketzer, Kosmograph – Wie die Karten des Gerhard Mercator die Welt veränderten. Droemer Knaur, München 2005,

Davidson, Basil: Africa, History of a continent. London 1966

Davis, Nathalie Zemon: Leo Africanus; Ein Reisender zwischen Orient und Okzident. Berlin 2008,
de Barros, João : Décadas da Ásia. Band 2, Nr. 4, Kap. 4, S. 408.

Diffie, Bailey W., und George D. Winius. 1977. Foundations of the Portuguese Empire 1415 – 1580 – Europe and the World in the Age of Expansion Vol I. Minneapolis: University of Minnesota Press.

Ende, Michael: , Thienemanns Verlag Stuttgart, 1963

Fage, FG., und R. Oliver, 1975. The Cambridge History of Africa. Cambridge, London, und New York: Cambridge University Press.

Fischer, Joseph, und Franz von Wieser. 1903. The Oldest Map with the name America of the year 1507 and the Carta Marina of the year 1516 by M. Waldseemüller (Ilacomilus). Innsbruck: Wager`sche Universitatis. (reprinted Amsterdam, 1968).

Föllmer, Michael, Löffler, Ruth, Pöhling, Werner, Die Welt des Gerhard Mercator: Karten, Atlanten und Globen aus Duisburg, Duisburg, Kultur- und Stadthistorisches Museum Duisburg und Mercator-Verlag, 2006.

Grün Robert, Mit Magellan um die Erde. Ein Augenzeugenbericht der ersten Weltumsegelung 1519–1522. Herausgegeben und übersetzt von Robert Grün, Wiesbaden: Edition Erdmann 2009 (erstmals 1968 nachweisbar).

Güngerich, Rudolf: Die Küstenbeschreibung in der griechischen Literatur. Aschendorff, Münster 1950 (Orbis antiquus 4), (2., unveränd. Aufl. ebenda 1975, ISBN 3-402-05405-1).

Hall, Richard . 1998. Empires of the Monsoon, A History of the Indian Ocean and its Invaders. London: Harper Collins.

Harley, J.B., and David Woodward (Herausgeber). 1992. The History of Cartography, Volume 2, Book 1: Cartography in the Traditional Islamic and South Asian Societies. Chicago and London: University of Chicago Press.

Haug, Henrike, Annales Ianuenses: Orte und Medien des historischen Gedächtnisses im mittelalterlichen Genua. Dez. 2015. Vandenhoeck & Ruprecht

Heinz, Markus, und Ruth Bach-Damaskinos. 2002. Auserlesene Und Allerneueste Landkarten der Verlag Homann in Nürnberg 1702-1848. Nurnberg: Tummels

Holzer, Anette, Die „Christian Knight map“ von Jodocus Hondius Eine Karte vereint europäisches Weltbild und politische Allegorie, Diplomarbeit verfasst von Anette Holzer, Wien, 2013

Jostmann, Christian, Die erste Reise um die Welt. An Bord mit Magellan. Erstmals vollständig übersetzt und kommentiert von Christian Jostmann, Darmstadt: wbg Edition 2020.

Keuning J, The History of an Atlas Mercator-Hondius, Imago Mundi, Vol 4 (1947) pp. 27-62

Kirmse, Rolf: Die große Flandernkarte Gerhard Mercators (1540) – ein Politicum? In: Heike Frosien-Leinz (Red.): Von Flandern zum Niederrhein: Wirtschaft und Kultur überwinden *Grenzen.* Begleitband zur Ausstellung, Hrsg. von Stadt Duisburg – Die Oberbürgermeisterin, Kultur- und Stadthistorisches Museum Duisburg 2000, S. 41–66.
Klemp, Egon, 1968. Africa auf Karten des 12. bis 18. Jahrhunderts. Leipzig: Ed. Leipzig.

Koelliker, Oskar Die erste Umseglung der Erde durch Fernando de Magallanes und Juan Sebastian del Cano 1519–1522, München: Piper 1908 (Reprint 1997).
Koeman, Cornelis. 1967-1971. Atlandes Neerlandici. Bibliography of terrestrial, maritime, and celestial atlases and pilot books, published in the Netherlands up to 1880: Vol. I Van der Aa-Blaeu, Vol. II Blussè-Mercator, Vol. III Merula-Zeegers, Vol. IV: Celestial and maritime atlases and pilot books, Vol. V.: Indexes. Amsterdam: Theatrum Orbis Terrarum Ltd.

Kraume Hans-Georg: Novum gymnasium linguarum et philosophiae: das Duisburger Akademische Gymnasium 1559–1563. In: Heike Frosien-Leinz (Red.): Von Flandern zum Niederrhein: Wirtschaft und Kultur überwinden Grenzen. Duisburg 2000, S. 100–111.

Kraume, Hans-Georg: Gerhard Mercator. Vorläufer, Zeitgenossen, Nachwirkungen, zu seinem 500. Geburtstag 2012. (= Duisburger Forschungen 59) Mercator-Verlag, Duisburg 2013.

Lane Poole, Edward Humphry, The Discovery of Africa: A history of the exploration of Africa reflected in the maps in the collection of the Rhodes-Livingstone Museum. Occasional Paper. Livingstone, North Rhodesia: The Rhodes- Livingstone Museum, 1950

Langer, William L. 1948. An Encyclopedia of World History. Boston: Houghton Mifflin Co.

Le Carrer, Olivier, Die Vermessung der Oceane Delius Klasing Verlag

Lindgren, Uta: Mercator, Gerhard. In: Neue Deutsche Biographie (NDB). Band 17, Duncker & Humblot, Berlin 1994.

Norwich, Oscar I 1997. Norwich`s Maps of Africa: An Iiiustrated And Annotated Carto-Bibliography, revised and edited by Jeffery C. Stone. Norwich, VT: Terra Nova Press.

Maalouf, Amin: Leo Africanus. Der Sklave des Papstes. München 1988.

Mercator, Gerardus ATLAS 1595. Coron Verlag, Lachen am Zürichsee.

Mercator-Hondius-Atlas, Staatsbibliothek zu Berlin (Hg.) Sonderausgabe 2012 by reprint Verlag Leipzig in der Primus Verlag GmbH Darmstadt.
Perthes, Justus, Anton Pigafetta's Beschreibung der von Magellan unternommenen ersten Reise um die Welt. Aus einer Handschrift der ambrosianischen Bibliothek zu Mailand. Aus dem Französischen, von Justus Perthes Gotha 1801.

Randles, W.G.L. 1956. Southeast Africa as Shown on Selected Printed Maps of the Seventeenth Century. Imago Mundi 13: 69 – 88.

Randles, W.G.L. 1958. Southeast Africa and the Empire of Monomotapa as Shown on Selected Printed Maps of the 16th Century. Lisbon: Centro de Estudoas Historicos Ultramarinos.

Randles, W.G.L. 1979. The Empire of Monomotapa from the Fifteenth to the Nineteenth Centuries. Salisbury (Harare): Mambo Press.

Randles, W.G.L. 1988. Bartolomeu Dias and the Discovery of the South-East Passage Linking the Atlantic to the Indian Ocean. RUC, Coimbra BGUC: 24: 19-28.

Randles, W.G.L. 1993. The Alleged Nautical School Founded in the Fifteenth Century at Sagres by Prince Henry of Portugal, Called the „Navigator". Imago Mundi 45:20-28.

Rauchenberger, Dietrich: Johannes Leo der Afrikaner. Seine Beschreibung des Raumes zwischen Nil und Niger nach dem Urtext. Harrassowitz Verlag, 1999.

Relaño, Francesco, The Shaping of Africa
Cosmographic Discourse and Cartographic Science in Late Medieval and Early Modern Europe, First Published 2002, London, eBook

Ronay, György: Sindbad der Seefahrer die schönsten Märchen aus tausendundeiner Nacht, bearbeitet von György Ronay mit Zeichnungen von Emy Rona, Corvina Verlag, Budapest 1970

Scharfe, Wolfgang (Hrsg.): Gerhard Mercator und seine Zeit. (= Duisburger Forschungen 42). Braun, Duisburg 1996.

Günter Schilder - Monumenta cartographica Neerlandica I+II+V - 1996/1999

Schilder, Günter. 2003. Monumenta Cartographica Neerlandica, VII: Cornelis Claesz (c. 1551- 1609) Stimulator and Driving Force of Dutch Cartography. Alphen aan den Rijn: Canaletto.

Schilder, Günter. 2007. Monumenta Cartographica Neerlandica, VIII: Jodocus Hondius (1563-1612) and Petrus Kaerius (1571- ca. 1646). Alphen aan den Rijn: Canaletto.

Schneider, Ute. 2006. Die Macht der Karten : eine Geschichte der Kartographie vom Mittelalter bis heute. Verlag: Darmstadt : Primus-Verl.

Schneider, Ute, Brakensiek, Stefan (Hrsg.): Gerhard Mercator. Wissenschaft und Wissenstransfer. Wissenschaftliche Buchgesellschaft, Darmstadt 2015.

Schulz, Raimund: Die Antike und das Meer. WBG, Darmstadt 2005.

Steltzer, Hans Georg, Mit herrlichen Häfen versehen. Brandenburg-preussische Seefahrt vor 300 Jahren, Ullstein Verlag, 1981

Subrahmanjam, Sanjay: Europe's India: Words, People, Empires, 1500–1800. Harvard University Press, Cambridge, MA / London 2017.

Summers, David, Harwood, Jeremy, Wilkinson, Philip, Parker, Philip, Levy, Joel, Celtel, Kay, Adams, Simon, Reg G. Grant, Sally Regan, Peter Chrisp, 2019. Die Geschichte der Welt in Karten.

Snow, Philip. 1988. The Star Raft: China`s Encounter with Africa. New York: Weidenfeld & Nicolson.

Taylor, Andrew: The World of Gerard Mercator: The Mapmaker Who Revolutionized Geography. Frank R. Walker Co., New York 2004.

Teixeira da Mota, A. 1964. A Cartografia Antiga da Africa Central e a Travessia entre Angola e Mozambique (1500-1860). Lorenzo Marques: Sociedade de Estudos de Mazambique

Tibbetts, G.R. 1971. Arab Navigation in the Indian Ocean Before the Coming of the Portuguese. London: Royal Asiatic Society.

van der Heyden, Ulrich: Rote Adler an Afrikas Küste. Die brandenburgisch-preußische Kolonie Großfriedrichsburg in Westafrika, 2. veränderte Auflage. Selignow, Berlin 2001.

Van der Krogt, Peter. 1997. Koeman`s Atlantes Neerlandici, Vol. I: The Folio Atlases published by Gerard Mercator, Jodocus Hondius, Henricus Hondius, Johannes Janssonius and their Successors. `t Goy-Houten: HES.

Van der Krogt, Peter: Mercator – seine Atlanten und seine Zeitgenossen. In: Gerhard Mercator und seine Welt. Herausgegeben von Rienk Vermij. Mercator-Verlag, Duisburg 1997, S. 110–131.

Van Dijk, Lutz. 2015. Afrika Geschichte eines bunten Kontinents.

Van Linschoten, Jan Huyghen. The Voyage of John Huyghen van Linschoten to the East Indies, Elibron Classics, 2001, Replika der 1885 Ausgabe von der Hakluyt Society, London

Van Linschoten, Jan Huyghen. Voyage to Goa and Back, 1583–1592, with His Account of the East Indies : From Linschoten's Discourse of Voyages, in 1598/Jan Huyghen Van Linschoten. Reprint. New Delhi, AES, 2004.

Vermeulen, John: Zwischen Gott und der See: Roman über das Leben und Werk des Gerhard Mercator. Diogenes, Zürich 2005.
Vermij, Rink (Hrsg.): Gerhard Mercator und seine Welt. Mercator-Verlag, Duisburg 1997.

Verne, Jules Abenteuer des Kapitän Hatteras. 1875.

WEB Links

Groß Friedrichsburg

Commons: Groß Friedrichsburg – Sammlung von Bildern, Videos und Audiodateien

•Grossfriedrichsburg (Memento vom 30. März 2009 im *Internet Archive*)

•Fort Gross Frederiksburg, Princestown (1683) (Ghana Museums and Monuments Board (GMMB))
Zugriff 2.4.2022

Achtzigjähriger Krieg

https://commons.wikimedia.org/wiki/Category:Eighty_Years%27_War?uselang=de am 2.4.2022

http://www.historicum.net/themen/achtzigjaehriger-krieg/einfuehrung/ am 2.4.2022
https://dutchrevolt.leiden.edu/Pages/start.aspx am 6.3.2022
http://dutchrevolt.leidenuniv.nl/ am 26.2.2022

https://www.martinschlu.de/kulturgeschichte/barock/niederlande/geusen.html am 7.3.2022

http://www.lwl.org/westfaelische-geschichte/portal/Internet/ku.php?tab=que&ID=2603 am 2.4.2022

https://quod.lib.umich.edu/p/philamer/afk2830.0001.035?type=simple&rgn=full+text&q1=San+Diego&submit=Search am 6.3.2022

Schäfer, Christoph, Die Geschichte der Niederlande im 16. bis 18. Jahrhundert. Die Niederlande als Teil eines Weltreiches – Karl V. In: http://www.unimuenster.de/NiederlandeNet/nl-wissen/geschichte/vertiefung/anfaenge/karl.html (2004) am 3.4.2022

https://www.studysmarter.de/schule/geschichte/mittelalter/inquisition/ am 2.4.2022

Jodocus Hondius

https://commons.wikimedia.org/wiki/Category:Jodocus_Hondius?uselang=de Zugriff 1.3.2022 https://portal.dnb.de/opac/showFullRecord?currentResultId="119072149"%26any&currentPosition=1 Zugriff 1.3.2022

https://www.spektrum.de/lexikon/kartographie-geomatik/hondius-jodocus/2233 Zugriff 02.03.22
https://de.knowledgr.com/00693459/JodocusHondius Zugriff 02.03.22 12:20
https://www.geographicus.com/P/ctgy&Category_Code=hondius Zugriff 02.03.22.

https://www.jstor.org/stable/1150351?searchText=Jodocus%20Hondius%20Map%20of%20Africa%201606&searchUri=%2Faction%2FdoBasicSearch%3FQuery%3DJodocus%2BHondius%2BMap%2Bof%2BAfrica%2B1606%26so%3Drel&ab_segments=0%2Fbasic_search_gsv2%2Fcontrol&refreqid=fastly-default%3A99958fbf24b4b9f3a58fdb11ea99acfc Zugriff 5.4.2022

https://www.jstor.org/stable/1150335?read-now=1&refreqid=excelsior%3A78247f26a24359aa012aa3a8c295ac4e&seq=3 Zugriff 5.4.2022

https://sanderusmaps.com/our-catalogue/antique-maps/europe/germany/old-antique-map-of-koln-by-janssonius-hondius-7724 Zugriff 5.4.2022

Eduard Wright

https://www.christies.com/en/lot/lot-1559973 Zugriff 03.03.22.

https://quod.lib.umich.edu/e/eebo/A67154.000 Zugriff 03.03.22.
https://www.worldcat.org/title/mathematical-practitioners-of-tudor-stuart-england-by-egr-taylor/oclc/1394346 Zugriff 03.03.22.

Richard Hakluyt

https://commons.wikimedia.org/wiki/Category:Richard_Hakluyt?uselang=de Zugriff 6.3.2022

https://portal.dnb.de/opac.htm?method=simpleSearch&query=118719947 Zugriff 6.3.2022

https://www.hakluyt.com Zugriff 6.3.2022

https://www.gutenberg.org/ebooks/7182 *Principal Navigations* Zugriff 8.3.2022

https://www.gutenberg.org/cache/epub/10673/pg10673-images.html *Principal Navigations* Zugriff 8.3.2022

https://portal.dnb.de/opac.htm?method=simpleSearch&query=118719947 Zugriff 8.3.2022

Magnetberg
https://de.wikipedia.org/wiki/Nicholas_of_Lynne
Nicholas of Lynne *Inventio Fortunata* Zugriff 5.3.2022
https://www.tandfonline.com/doi/abs/10.1080/03085695608592127 Zugriff 5.3.2022

https://www.jstor.org/stable/1150242 Zugriff 5.3.2022

Emery Molyneux
https://commons.wikimedia.org/wiki/Category:Molyneux_globes?uselang=de Zugriff 9.3.2022
https://www.nationaltrustcollections.org.uk/object/486024 Zugriff 9.3.2022
https://press.uchicago.edu/books/HOC/index.html Zugriff 10.3.2022

•Susan M. Maxwell: In: Oxford Dictionary of National Biography. Oxford University Press, 2004, online 2008 Zugriff 11.3.2022

Gerhard Mercator
https://portal.dnb.de/opac.htm?method=simpleSearch&query=118580973 Zugriff 23.3.2022

https://www.duisburg.de/wohnenleben/historie/gerhard-mercator/gerhard-mercator.php Zugriff 23.02.22

https://daten.digitale-sammlungen.de/0002/bsb00026193/images/index.html?fip=193.174.98.30&id=00026193&seite=1 Zugriff 22.3.2022

https://gangelt.de/geschichte Zugriff 17.3.2022

https://www.museasintniklaas.be/onze-locaties/mercatormuseum Zugriff 1.4.2022

https://www.jstor.org/stable/1149747?read-now=1&refreqid=excelsior%3Aacdab4e04c68b41778be30ba6ff72df8&seq=1 Zugriff 5.4.2022

Van Linschoten
https://commons.wikimedia.org/wiki/Category:Jan_Huygen_van_Linschoten?uselang=de Zugriff 13.2.2022

http://www.linschoten-vereeniging.nl/1.html Zugriff 19.2.2022

https://www.rederijvanlinschoten.de Zugriff 18.2.2022

Joao de Barros
https://de.wikipedia.org/wiki/Liste_der_Gouverneure_von_Ghana Zugriff 3.3.2022

Giovan Ramusio
https://commons.wikimedia.org/wiki/Category:Giovanni_Battista_Ramusio?uselang=de

http://ageofex.marinersmuseum.org/?type=travelwriter&id=10 Zugriff 14.2.2022

Duarte Lopez
https://link.springer.com/chapter/10.1057/9780230607330_53 Zugriff 15.2.2022

http://worldcat.org/identities/lccn-nr93009263/ Zugriff 14.2.2022

https://digi.ub.uni-heidelberg.de/diglit/lopes1609 Zugriff 14.2.2022

Antonio Pigafetta
https://portal.dnb.de/opac.htm?method=simpleSearch&query=119316498 Zugriff 6.2.2022

https://commons.wikimedia.org/wiki/Category:Antonio_Pigafetta?uselang=de Zugriff 6.2.2022 http://213.21.172.25/0b02da8280085ee9 Zugriff 7.2.2022

https://www.perlentaucher.de/buch/antonio-pigafetta/mit-magellan-um-die-erde.html Zugriff 5.2.2022

https://jhniemeyer.com/marine/books/29123_d.php Zugriff 5.2.2022

https://www.zdf.de/dokumentation/terra-x/magellans-reise-um-die-erde-das-abenteuer-der-ersten-weltumsegelung-100.html Zugriff 17.3.2022

Philippo Pigafetta
Translated by Abraham Hartwell as *A report of the kingdome of Congo, a region of Africa : And of the countries that border rounde about the same. 1. Wherein is also shewed, that the two zones torrida & frigida, are not onely habitable, but inhabited, and very temperate, contrary to the opinion of the old philosophers. 2. That the blacke colour which is in the skinnes of the Ethiopians and Negroes &c. proceedeth not from the sunne. 3. And that the Riuer Nilus springeth not out of the mountains of the Moone, as hath been heretofore beleeued: together with the true cause of the rising and increasing thereof. 4. Besides the description of diuers plants, fishes and beastes, that are found in those countries. Drawen out of the writinges and discourses of Odoardo Lopez a Portingall, by Philippo Pigafetta*, 1597. Zugriff 14.3.2022

(tr.) *Compendio dal Theatro del Mondo* by Abraham Ortelius. 1612. Translated from the Latin *Theatrum Orbis Terrarum*. Zugriff 12.3.2022

https://en.wikipedia.org/wiki/Filippo_Pigafetta Zugriff 6.4.2022

Sonstiges
https://de.wikipedia.org/wiki/Geschichte_der_Niederländischen_Marine Zugriff 25.3.2022

https://commons.wikimedia.org/wiki/Category:Oud-Beijerland?uselang=de Zugriff 22.3.2022

https://www.spektrum.de/lexikon/kartographie-geomatik/portolankarte/3942 Zugriff 24.3.2022

Alle Bilder wurden freundlicherweise von Götzfried Antique Maps zur Verfügung gestellt.
https://www.vintage-maps.com/de/antike-landkarten:::3

Hier finden wir Smaragde und Menschenfresser

St Helena , Seeungeheuer und Segelschiff

Hier lebten die Gorgonen und Hesperiden

Die Mondberge unterhalb der Doppelseen

Der Congo und Zaire See, in dem Tritonen leben

Das Land von Priesterkönig Johannes

Die vollständige Hondius Afrika Karte von 1606